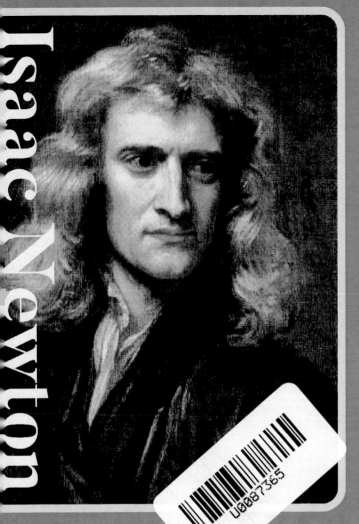

科學之父

牛頓

Isaac Newton

萬有引力、三大定律 《光學》，
以科學爲人生信條，現代科學奠基者

英國著名物理學家 × 百科全書式的全才

他，發現萬有引力，提出三大運動定律；
他，發表《光學》，製造出反射望遠鏡；
他，發明了微積分，證明出二項式定理。

他是科學革命代表——牛頓

陳劭芝，王金鋒 編著

「如果說我比別人看得更遠，那是因爲我站在巨人的肩膀上。」

目錄

目錄

目錄

序

艾薩克·牛頓（Isaac Newton，1643 ── 1727），英國偉大的數學家、物理學家、天文學家和自然哲學家，其研究領域包括物理學、數學、天文學、神學、自然哲學和煉金術。

牛頓於西元 1643 年 1 月 4 日生於英格蘭林肯郡格蘭瑟姆附近的伍爾索普村。18 歲進入英國劍橋大學三一學院，22 歲獲文學學士學位。

隨後兩年在家鄉躲避鼠疫，他在此間制定了一生大多數重要科學創造的藍圖。西元 1667 年牛頓回劍橋後當選為劍橋大學三一學院研究員，次年獲碩士學位，西元 1669 年獲得劍橋大學盧卡斯數學教授職位。

西元 1696 年，牛頓任皇家造幣廠監督，並移居倫敦。西元 1703 年任英國皇家學會會長。西元 1706 年受英國女王安娜封爵。在晚年，牛頓潛心於自然哲學與神學的研究。

西元 1727 年 3 月 30 日，牛頓在倫敦病逝，享年 84 歲。

牛頓的主要貢獻是發明了微積分、萬有引力定律，創建了經典力學，發現了光的色散原理，設計並實際製造了第一架反射式望遠鏡等，被譽為人類歷史上最偉大、最有影響力的科學家。

牛頓的代表作品《原理》是第一次科學革命的集大成之作，被認為是古往今來一部偉大的科學著作，它在物理學、數學、天文學和哲學等領域都產生了巨大影響。

牛頓是一位傑出的天才。在他以前和以後，都還沒有人能像他那樣決定著西方的思想、研究和實踐的方向。他討論問題及處理問

題的方法，至今仍是大學數理專業中教授的內容。

　　牛頓在《原理》一書中對萬有引力和三大運動定律進行了描述。這些描述，奠定此後三個世紀裡物理世界的科學觀點，並成為現代工程學的基礎。

　　愛因斯坦（Albert Einstein）說過：「至今還沒有可能用一個同樣無所不包的統一概念，來代替牛頓關於宇宙的統一概念。要是沒有牛頓明晰的體系，我們到現在為止所取得的收穫就會成為不可能。」

　　為了紀念牛頓在經典力學方面的傑出成就，「牛頓」後來被定為衡量力大小的物理單位。

一個頑強的小生命

在英國的最北部，有一個叫伍爾索普的美麗小村莊。

那裡有美麗的河谷，有清澈的泉水，有如茵的草地，還有衣著樸素的農婦和一群追逐嬉戲的孩子。

它遠離喧囂的都市，風光恬靜而秀美，只有遠處教堂傳來的鐘聲，偶爾會打破小村莊的寧靜。

西元 1643 年 1 月 4 日，這天剛好是聖誕夜，天雖然還沒亮，可伍爾索普小村莊已籠罩在一片祥和的歡樂之中。

在這個日子裡，有一個生命發出了他人生的第一聲啼哭，不過這聲音很微弱，因為這是一個早產的嬰兒，孩子的身體虛弱、瘦小，顯得那麼無力。

孩子的媽媽望著懷中瘦弱的小生命，不禁心疼起來。她想起三個月前去世的丈夫，傷心地流下了熱淚。鄰婦麗莎看到她傷心的情形，不禁一陣心酸，便安慰道：

「漢娜，不要太難過了，上帝會保佑這個孩子的，他一定會平安無事的。」

「不過，麗莎，我還是放不下這顆懸著的心！」被叫做漢娜的婦女哽咽著說。

「不用擔心，她們一定會把藥拿回來的。」

麗莎雖然說不急，可心裡卻很著急。她在房間裡來回踱著步，還不時探頭到窗外望一望。躺在床上的漢娜，此時想起了從前和丈夫並肩站在窗前觀賞四季景色的美好時光。

一個頑強的小生命

「如果這孩子能平安度過這段時光，我就給他取個和他父親一樣的名字，作為紀念。」漢娜這樣想。

她突然之間有了信心，相信這孩子一定會沒事的，一定能活下來，到那時一定會和她站在窗前看風景，聽她講述父親的故事。時間在一分一秒地過去，卻還沒有看到那兩個婦人回來。麗莎小聲地自言自語著什麼，每隔幾分鐘就要朝窗外看看，看她們是否回來了，很長時間她都無法使自己平靜下來。這時，孩子的呼吸非常的急促，哭聲也非常弱了。麗莎等不下去了，她跑到屋外去看，突然驚叫起來，並高興地跳起來說：

「漢娜、漢娜，她們回來了！」

兩位婦人及時帶回了兩劑藥，才使得這個將要離開人世的孩子活了下來。漢娜那顆快要碎了的心，這個時候也平靜下來了。

她臉上出現了笑容，儘管很疲憊。她吻了吻孩子的額頭，低聲叫著「牛頓」。

牛頓出生的小村子伍爾索普位於林肯郡格蘭瑟姆鎮南面。在17世紀時，這裡只有沒落的莊園主留下來的一座荒蕪的莊園和幾十戶農家。

伍爾索普小村處於山谷地帶，土地肥沃，風光秀麗，周圍山巒起伏，重巒疊嶂，保留著幾分原始的自然景觀。威沙姆河緩緩流過村旁，這條河流是全村人唯一的水源。舉目望去，到處都是隨風搖曳的花草樹木。漢娜是個性格剛強的女子，她不僅很能幹，而且吃苦耐勞。在牛頓剛出生不久，她就開始種田勞動了。漢娜自己種了幾畝地，同時還養了好些牛和羊。白天，漢娜要到

地裡去收拾那幾畝地，一回到家裡，就要忙著餵牲口，準備飼料，打掃牛欄、羊欄。

同時還要忙著擠牛奶，然後拿到市場上去換幾枚錢。當夜幕降臨時，她便開始生火做飯。晚上，她還要為牛頓做衣裳，每天都要忙到很晚方能停止勞作。到了第二天早晨，漢娜又照例開始了忙碌。

這樣一來，牛頓就全靠外祖母照顧了。外祖母是一個和善的老人，她對這個小外孫萬分疼愛。

她每天都形影不離地帶著孩子，對孩子的照顧簡直比媽媽照顧得還要周全。

牛頓 3 歲的時候，有一天，在家裡照顧他的外祖母正在幫著媽媽收拾家務，這時有人走了進來。這人與外祖母寒暄之後，就提出給漢娜做媒的事。那人說，鄰近牧區的一個老牧師巴巴納斯 · 史密斯托她來請求漢娜嫁給他。

老太太又是高興又是憂慮。她的女兒再能幹，也不能永遠一個人支撐一個家啊！況且女兒才 35 歲，還很年輕漂亮，怎能忍心讓她守一輩子寡呢？可是要是漢娜改嫁，祖孫二人的日子難過不說，牛頓還會在失去父愛的同時也失去母愛。

漢娜從田裡回來了，聽說此事，當即表示反對。但在母親的勸說下，她終於意識到自己已經無法硬撐下去了。自從丈夫去世後，她遇到了各種預料到或意想不到的困難，都咬緊牙關挺過來了。她對自己說，不能垮下去，一定要堅持到底，一切都會過去，一切都會好起來的。可是這根繃緊的神經一旦受到衝擊，便

會很容易斷裂。

那天晚上，熄燈躺下後，漢娜怎麼也睡不著。各種想法在其腦袋裡揮之不去，就好像是大壩決堤，洪水一發而不可收拾地湧了進來。

第二天傍晚，她的哥哥回來了。

漢娜想找哥哥商量，恰巧哥哥正是為此事而來。

原來史密斯牧師跟哥哥艾斯考夫牧師很熟，史密斯托他勸勸漢娜，並答應只要漢娜不帶著孩子嫁過去，他願意割讓一塊每年有 50 英鎊租金收入的土地。

漢娜的哥哥說：

「有了這筆收入，再加上家裡土地的收入，媽媽和牛頓就沒什麼後顧之憂了，你也不用再操勞一家的事，過這種捉襟見肘的生活了。」

「我聽提親的人說：」沉默了一下子，漢娜的母親接著說道：「史密斯牧師是個莊園主，以前的妻子沒給他生下一個孩子。」

「是啊！」艾斯考夫說，「他現在年紀越來越大了，就盼望有個孩子。所以他希望漢娜早點嫁過去，漢娜嫁了他，今後就什麼都不用愁了。」

「可是，我怎麼能捨得扔下孩子不管呢？」漢娜無限傷感地說。

「孩子交給我你還不放心嗎？我從他一出生就開始帶著他，看著他從一個小嬰兒逐漸長成一個可愛的孩子，我跟他的感情比你跟他的還要深呢！別擔心，我們什麼都不用你惦記，你要是想念孩子，就常回來看看他。」漢娜的母親說。

漢娜再也無話可說，她轉過頭看看牛頓，一串淚珠灑了下來。

　　西元 1645 年 1 月，漢娜與史密斯牧師結婚，並搬離了伍爾索普村。

　　媽媽走了，牛頓還不明白媽媽要去哪裡，不懂媽媽走的時候為什麼要抱著他大哭。在他心目中，媽媽就像平時一樣白天要出去，晚上就會回來了。然而，媽媽晚上沒有回來，沒有在他睡覺前溫柔地親一下他的額頭。更讓他失望的是，已經好幾天見不到媽媽了，外祖母也不覺得著急。

　　牛頓想念媽媽了。他跟外祖母要媽媽，外祖母只是含淚告訴他要聽話，外祖母會好好照顧他。可是外祖母是外祖母，雖然她會照顧他，可是他也需要媽媽呀。牛頓這時雖然還不懂事，但是孤寂的日子他感受到了。他開始鬧著要媽媽，外祖母只能跟著掉眼淚。

　　時間長了，牛頓知道媽媽不會再回來了，於是不再哭鬧了。他一聲不吭地做自己的事情，一玩就是幾小時，好像忘記了一切似的。

　　從此以後，牛頓變得孤僻而倔強，平時很少說話，不愛笑，也不愛哭，遇事時表情漠然。他整天在一個地方托著下巴不吭聲地沉思著，好像在想什麼重大事情一樣，有時則在一個地方發呆。

喜歡觀察自然現象

等到牛頓再長大一點之後，他就可以不用外祖母整天照料，經常自己跑出去玩了。

自然界的一切都令小牛頓分外著迷。有時他會跑到河邊，去看靜靜流淌的河水，還有那在河水中隨波逐流的樹葉、花瓣等一些東西；有時他也會跑到樹林中去。

牛頓對美麗而富於變幻的大自然越來越痴迷，他顯得特別的興奮，在大自然中，過著真正屬於自己的生活。

本來朋友就少的牛頓，早已習慣了孤獨。他其實根本就不想交任何朋友。

唯有外祖母是他身邊最親近的人，可是他覺得他腦海裡的樂趣與幻想，是外祖母永遠不會理解的東西。

牛頓喜歡獨享他自認為有意思的生活，也許在別人眼裡，他是個可憐的人，沒人陪伴，老是獨來獨往。可是在他自己的內心世界裡，那豐富多彩的世界總是如萬花筒般地湧現出讓他陶醉的景象。

牛頓不是在忍受孤獨，而是在享受孤獨。

四季的變換讓牛頓單調的生活有了鮮活的色彩。

他時常在開滿鮮花的田園裡，與小鳥、蝴蝶快樂地嬉戲著，從中找到了童年的無限樂趣。

有時，牛頓會來到小樹林裡，在樹影中靜靜躺下，然後天馬行空地想像。

小樹林裡，有著清新的空氣，一棵棵嫩綠的小樹整齊地排列著，讓人賞心悅目。一切都是那麼寧靜，讓牛頓的思想都像要發出聲音來了。

有時，牛頓還會來到垂柳掩映的小河邊。

天氣特別好的時候，會有閃亮的陽光灑在河面上。河水清澈見底，河底有許多鵝卵石，一些地方會長出漂亮的植物，還有像牛頓一樣自由自在的小魚在游。

一天，牛頓忍不住到河裡玩。

他拾起幾塊光潔的石頭，又抓起幾根水裡的植物仔細欣賞起來。他是那麼仔細地探究水生植物的奇妙形狀，他還奢望能憑藉一雙小手抓到幾條小魚，想和小魚交流。可是小魚很不聽話，它們並不想傻乎乎地和人有什麼交流，它們更喜歡自己游來游去。

牛頓抓不到一條小魚，可並不甘心。

他到小樹林中找到一根比較直的長木棍，在一端繫上一根結實的繩子，繩子的末端拴著一個牛頓自己做的彎鉤。聰明的牛頓又抓來幾條蚯蚓做魚餌，把魚餌掛在魚鉤上。

他把釣線甩到了河裡，在岸邊握著魚竿靜靜地等待，睜大眼睛仔細觀察河裡的動靜。

半個多小時過去了，魚竿還沒有什麼反應，牛頓覺得自己一直在屏住呼吸，他聽到了蛙鳴聲，聽到了樹葉擺動的聲音。

魚餌是不是已經被狡猾的魚吃掉了？牛頓有些疑惑，但他終究還是沒有動，他相信自己一定會釣上魚來。

突然，魚竿猛力一沉，牛頓一陣驚喜，一定有個貪吃的魚上

鉤了。牛頓興奮地站了起來，握緊魚竿，大力往後一甩，一條中等大小的魚就隨之飛到了半空中，那魚還在魚鉤上奮力掙扎呢！

牛頓好不容易才把活蹦亂跳的魚從魚鉤上摘下來。那條魚並不太大，可牛頓只是滿足於自己勞動的第一個成果，並不在乎那成果有多大。

他心裡充滿了一種新奇的喜悅感，把小魚放到一個小桶裡，還來不及仔細觀察這一條，就急著去捕捉更多更大的了。這一段時間，他只釣了三條魚，可他還是興奮極了。他欣喜地觀察著那些小魚，心想這下子你們可跑不了了，老老實實地讓我看個夠吧！

牛頓目不轉睛地看著小魚，那樣好奇，那樣入神，轉眼已經過去了很長時間。牛頓幾乎忘了吃飯，後來他隱約聽見了外祖母的呼喚聲：

「艾薩克、艾薩克，該吃飯了！」

牛頓還沒看夠呢，可他還是聽話地收拾起自己的東西，拎著水桶回家去了。牛頓也很喜歡動物。有一次，他的朋友送給他一隻狗和一隻貓，牛頓收到禮物非常高興。他無微不至地照顧著這兩位新來的朋友，給牠們弄了好多美味的食物，還給牠們搭建了舒適的窩棚。牛頓的天真也透露著孤獨內向，正是孤獨內向這個缺點影響了他和別人的交流。

再加上他所處的林肯郡，農耕家庭長久地過著簡樸的生活，他們畏懼上帝，把生活重心放在閱讀《聖經》和節制性慾上。在這樣一種清教徒的家庭環境中長大，他更是養成了拘謹刻板的性格。

在周圍人的眼中，牛頓就是這樣一個孩子。

牛頓的媽媽在丈夫去世的悲痛之中不足月就生下了他。這個孩子不苟言笑、沉默寡言，也不喜歡和別的孩子在一起玩，習慣獨來獨往，一個人在林間、草地、河邊四處遊玩，人們經常見他默不作聲地做著自己喜歡的事情。

幸好，童年孤苦的牛頓的生長環境是純淨的大自然，他的天性裡又有著對大自然的無限熱愛。

自然之子的這種內向性格與熱愛大自然的天性結合起來，便又有了優勢，那就是他能夠也希望去探究大自然的奧祕。

牛頓生長在大自然的懷抱中，經常觀察自然現象，養成了勤於思考的習慣，凡事都想研究透徹，這種好奇心，為他日後的研究工作奠定了良好的基礎。

私塾的學習生活

西元 1649 年，牛頓到了上學的年齡了，舅舅就把他送到了私塾學校，這個學校離伍爾索普村不遠。在那裡他將接受正規的教育，這所學校也給牛頓留下了很深的印象。

這所私塾學校規模不是很大，所學科目也不多，但卻是實用的，科目包括讀書、寫字、算術三科。這是因為當時的人們，為了生活辛苦奔波，根本無法把孩子送到私塾去唸書，而且除了少數的職業以外，對大多數人來說，根本用不到課本上的那些知識。

牛頓對學校感到陌生，又不免覺得好奇。在來到學校之前，他整天纏著外祖母問有關學校的問題：「外婆，我為什麼要上學呢？」

「上學可以學到更多的知識呀！還可以讓你交到很多很多的朋友呢！」

「快告訴我學校有哪些好玩的事，我現在就想到學校去！」

外祖母從來就沒有上過學，她不知道學校裡都有哪些好玩的事情。過了片刻，她才繪聲繪色地說：

「哦！學校裡的老師會教你做許多手工藝品，比如風車、小車，還會教你釘最漂亮的木盒、玩具……」牛頓聽到這些，高興地不得了，這正是他想要的，正符合他的心意，他帶著興奮的心情期待上學的日子早日來臨。

但是到了學校後，一切都變了，牛頓的幻想破滅了。私塾老師更不像他想像中的那麼和藹可親，每天他手中都握著鞭子，時不時敲敲黑板，敲敲桌子，每個學生聽到這些都不免心驚膽跳。而且老師並不教人做風車、釘盒子，而是要人用手指頭數數，或到黑板上寫那讓人討厭的字母。

　　牛頓對這些科目沒有任何興趣，非常厭煩，他所期待的好玩的事情卻沒有一樣，因而他對學校的生活感到很失望，每天都要外祖母哄勸一陣之後才到學校。

　　有一天在算術課上，老師突然問牛頓：「牛頓，4加4等於幾？」牛頓被老師突如其來地這麼一問，還沒有反應過來，臉上一陣紅一陣白，以結結巴巴的聲音回答說：「8。」

　　「你確定是8嗎？」老師故意反問他，並用鞭子用力敲著桌子。牛頓聽到鞭子敲打桌子發出刺耳的聲音，心裡一緊張，馬上更正說：

　　「唔！唔！好像是9。」

　　「牛頓！到底是8還是9？」老師嚴厲的口氣，把牛頓嚇得臉色慘白，待在座位上，半天說不出話來。

　　「這麼簡單的問題都不會，真笨，真是一個笨蛋！」說著，老師舉起鞭子往牛頓的屁股上打去，鞭子打得並不怎麼痛，牛頓忍不住笑了起來。

　　可是老師又用力抽了兩鞭子後，牛頓就開始哭起來，班上其他同學見到這個場面，都感到很驚訝，紛紛低聲嘲笑他，使牛頓羞愧地不敢抬頭。

由於這次經歷，再加上同學們的嘲笑，牛頓更加討厭上學了。他認為上學還不如在家鋸鋸木頭、釘釘板子好玩呢！

那天，牛頓放學後，高高興興地跑著跳著，突然他看到一輛漂亮的馬車從面前疾馳而過，那馬車漂亮至極，又非常精緻，他目不轉睛地欣賞著，直到馬車消失於自己的視野範圍。

「如果我有一輛自己的馬車，我就可以乘著它到處遊玩了。」牛頓不禁痴心妄想起來，「不！不！外婆沒有那麼多錢給我買馬車！」

他想到這裡，不禁搖了搖頭，認為這種可笑的想法不會實現。但是那漂亮的馬車深深印在了他的腦海裡，牛頓已經對它產生了迷戀，仍禁不住邊走邊編織著夢想：

「如果我有一輛小馬車，如果我有一輛小馬車……」突然，在他的腦中閃過一個念頭：「沒有錢買馬車，可以自己動手做呀！」沒錯！何不自己動手做呢？這個念頭產生之後，牛頓就把它當成了一件大事。他立刻拔腿飛奔回家，把書本往桌子上一扔，喊了一聲：「外婆，我回來了。」剛說完，就迅速地鑽進了倉庫裡，搬出鐵錘、鋸子，「叮叮噹噹」地敲打起來。他把平日省下的零用錢，全部拿去買材料了。

接連幾天，牛頓放學回家，就往倉庫裡鑽。外祖母聽到倉庫裡有響聲，還以為是老鼠在搞鬼。於是她拿起一根粗棒子慢吞吞地走向倉庫。

推開倉庫門後，外祖母舉起的棒子便停在了半空中，隨後外祖母就忍不住笑了起來。她完全沒料到，這個倉庫裡的大老鼠竟然是牛頓。

「我的孩子，你這幾天在倉庫做什麼呀？」外祖母試探著問牛頓。牛頓高興地跑過來，一把摟住了外祖母的腿，興奮地嚷道：

「我要做一輛小馬車，做一輛屬於我自己的小馬車。」

外祖母聽了牛頓的話後，便把他摟進懷裡。她心裡很明白：

「牛頓長大了，懂事了，也知道怎樣替大人著想了。他不向大人要錢買玩具，反而要自己動手做。他可真是個讓人疼愛的乖孩子。」

「我的好孩子，外祖母來幫你好不好？」外祖母一面撫摸著牛頓的臉蛋，一面問道。

「好！外祖母你真好！」就這樣，由於牛頓之前的努力，再加上外祖母的幫助，很快，做小馬車用的木材和要用的工具就準備好了，牛頓幾乎是廢寢忘食，把所有時間都用在了製作小馬車上。

皇天不負有心人，一個星期後，一輛精緻的小馬車完成了，這讓牛頓感到很自豪。興奮的牛頓蹦跳著去告訴外祖母：「外婆！外婆！我的小馬車做好了！我有自己的小馬車了！」

看到倉庫裡精緻的小馬車，外祖母真有種說不出的滿足，畢竟這是牛頓的傑作，小馬車能帶給牛頓快樂，而他的快樂正是外祖母的快樂呀！

「外婆！外婆！我們把小車推出去試一試吧！」牛頓高興地推著小馬車，在前面跑著，外祖母便跟在他後面，和他一樣興奮。

祖孫倆把車子推到了附近的一個小山坡上。牛頓迅速坐到車子裡，外祖母用力推了車子一把，車子就順著山坡迎風滑下去。牛頓盡情地歡呼著：「我有自己的小馬車了！」

私塾的學習生活

　　站在山坡上的外祖母更是開心地笑了。她再也合不上嘴了，甚至笑得滿眼都是淚水。

　　雖然牛頓的童年生活貧窮、寂寞，但讓他養成了獨立思考、自己動手的好習慣。在許多人看來，他的童年不可能快樂，然而，他卻創造了無盡的歡樂。這種歡樂也帶給了他的外祖母。

勤於動手的製作家

在牛頓 9 歲那年，他的第一個發明就是製作了測量時間的儀器，這個儀器被稱為「日晷」。

一天下午，他在院子裡的一棵大樹下乘涼。地上出現了一個很大的樹影，看上去就像是一幅美麗的圖畫，牛頓覺得很有趣，便仔細觀察著這個樹影。

牛頓看得入了神，整整一個下午都待在這裡，待太陽完全下山時，他已經在地上做了許多標記。

最後他得出一個結論：樹影的長短和太陽的位置有關。

那天夜裡，牛頓為這些新發現而激動，久久不能入睡。第二天天剛亮，他又跑去看那個樹影，用心研究起樹影和時間的關係。

後來，牛頓找來一塊石盤，拿了鐵錘後，就開始在上面敲打起來。外祖母每次見到後，都問他做什麼用，他總是向外祖母微笑，一副神祕兮兮的模樣。外祖母感覺挺奇怪的，也沒有再多說什麼。

這天，牛頓還是和以前一樣，仍在院子裡忙碌著。待完工後，拉著外祖母的手，要外祖母來看看自己的傑作。

外祖母指著石盤不解地問：「這是什麼東西呀？它有什麼用處呀？」

勤於動手的製作家

「別看這個東西小，它可是測量時間的儀器。」牛頓就把自己測量樹影的事告訴了外祖母，並且詳細地講述了他發明「時鐘」的原理。

外祖母聽後，連連稱讚，她沒想到小小年紀的牛頓，竟能做出這麼精緻的儀器。

「時鐘」的原理是這樣的：儀器的盤上刻上了許多刻度，這些刻度都是均勻的。盤的中心豎起一根細小的木棒。當太陽發出光芒時，把它放在太陽下面，太陽光照到上面，小木棒就會出現陰影，這樣，根據小木棒的陰影就可以計算時間。那個時候人們並不知道什麼鐘錶，人們只能用一些原始的方法來估計時間，一般用的計時器主要是「沙漏」，在上面的一個容器裡面裝上細沙，下面留有一個小孔，然後，沙就慢慢往下漏，這樣就可以計算時間了。

牛頓認為這種沙漏不但製作粗糙，而且計時也不是很精確，所以就直接製造了這個儀器。牛頓認為這個日晷計時的侷限性和缺點也很多，仍然是一種原始的方法，也想著如何改造它。再後來，他又用與沙漏同樣的原理，做了一個「水漏」。

這種水漏和中國古書上講的水漏是相同的，不過牛頓的構思比較進步一點。他不是在水漏下面的容器裡標上刻度，用水位上升的高度來顯示出時間，而是別出心裁的在上面容器裝置的外面弄了一個大圓鐘盤，鐘盤的上面刻有時間標記，在鐘盤的中心鑽一個小孔，小孔上有鐘軸，軸上有時針，也就是現代的鐘面。鐘軸有橫桿和連桿同裝置裡面的東西連在一起，時針轉動的動力來

自於下面容器上的浮板。當水滴下時，浮板會隨著水的增高而升高，這樣，浮板上面的連桿就會把動力傳遞給橫桿、鐘軸和時針。

水漏鐘剛出現，就受到了大家的好評，人們也由此更加看重這個不愛講話的小男孩了，稱他是個非常聰明的好孩子。

這個水漏鐘，已顯示出了現代機械裝置的特性及動力的傳遞。但是從現代科學的觀點來看，牛頓的設計思想仍然是原始的，它沒有科學原理的基礎，而純粹是一種智慧，一種「別出心裁」的製造！但那時的牛頓不過是個 9 歲的孩子，能做到這些已算「偉大」了。可見童年和少年時代的牛頓，不是大家眼裡的「神童」，也不是「呆子」。

早在 6 歲之前，牛頓就是個動手能力很強的孩子，這一點是不同於大多數別的孩子的，大多數時候他都試圖把自己的幻想變成現實。

牛頓為了實現自己的夢想，便去找各種各樣的工具。

漸漸地，他累積了許多小東西：小錘子、小鋸子、小起子、小刀子等。他還做了一個小工具箱，把它們整整齊齊地放在一起。

那把小錘子是鄰居叔叔送給他的。有一次，他看見鄰居叔叔在做木工，敲敲打打，那似乎很有節奏的聲音把他吸引了過去。他站在旁邊，瞪大眼睛仔細觀察，有時又眨著閃亮的眼睛思考。這是一件多麼有意思的事啊！許多巧妙的東西都是這樣做出來的。

勤於動手的製作家

牛頓對此充滿了興趣。大人的世界對一個孩子來說，充滿了誘惑。也許那些玩「扮家家酒」的孩子們也想體驗這種參與到成人世界的快樂吧。

鄰居叔叔見牛頓這麼專心，非常喜歡他。他對牛頓說：「叔叔就喜歡認真的孩子，叔叔這裡有一把舊的小錘子，送給你拿回去玩吧！你要用你的小腦袋好好想想，怎樣才能把小錘子用到正當的地方去。」

牛頓高興極了，這把小錘子多有用啊。有了它，牛頓感覺自己像個大人了，而他也真像是一個小大人。他會經常拿起小錘子，把外祖母家的東西修一修。當他發現椅子發出聲音的時候，便會一聲不響地把它釘牢；當他發現窗框鬆動了的時候，也會叮叮噹噹地敲上一陣。外祖母發現這些東西被修好的時候，總會欣慰地一笑，這讓牛頓對製作更感興趣，也讓牛頓變得越來越懂事了。

有一天，牛頓又把自己的小工具箱搬了出來，把裡面的東西全掏了出來。此外，他還弄來一大堆木板、木條、釘子、鐵絲等，橫七豎八地擺了一地。他充滿了幻想和創造力，十分投入地做著各種現實中和想像中的東西。

此時外祖母走了進來，手裡端著一盤點心和一杯水。她見牛頓沒發現她，便輕輕地叫道：「孩子，歇一下再玩，吃點點心吧。」

牛頓還是那麼專注，似乎並沒聽到外祖母的話。外祖母很有興致地想看看他到底在做什麼。可一地的東西，讓外祖母連個能

踩地的地方都沒有，老眼昏花的外祖母只好瞇起她那雙慈祥的眼睛，彎下腰，繼續輕輕呼喚他。

終於，牛頓驚醒過來，看見外祖母那親切的笑容，他指著手裡的東西情不自禁地對外祖母大喊：「外婆，你看我做的是什麼？」

平時遇到這種情況，外祖母總會鼓勵牛頓，她會認真對待他的作品，從不把這些看作是小孩子的把戲，是不值得一看的東西。外祖母心裡十分清楚，牛頓失去了父愛和母愛，心裡十分渴望被關懷和呵護。她要彌補他在這方面的缺失，讓他不會缺少愛。所以外祖母從不輕易批評他，更多的是表示欣賞，讓他更有信心，更自由自在地去想像，去鍛鍊自己的能力。這樣牛頓便在童年時有了比別人更大的發揮空間，他的思維和動手能力都得到了很好的鍛鍊。

外祖母說：「真不錯啊！牛頓，告訴外婆它是什麼吧！」

牛頓受到了鼓舞，便自信地給外婆一樣一樣地講起來。外婆邊聽邊笑，她實在為牛頓的聰明頭腦感到高興。牛頓說著說著，突然想起一件重要的事，他靈巧地跨過那些亂放的東西，跑到外婆身邊，拉著外婆的手臂說：「外婆，外婆，給我買個鋸子吧！」

外婆知道牛頓是個懂事的孩子，他不會輕易撒嬌要東西的，但她還是想知道牛頓的目的。於是外婆問他：「你要鋸子做什麼呢？」

牛頓說：「你看，外婆。我的工具就快齊全了，做活一定要用到鋸子的，不然很多木板都用不上。我想給您做一個雜物箱和

勤於動手的製作家

一個小板凳，還想修您那輛壞掉了的手推車，沒有鋸子總是做不好，合適的木板找不到，必須要用鋸子來鋸斷它們。」

外婆覺得牛頓像個大孩子一樣，總是替她著想。她這個小外孫和別的孩子不一樣，將來也會比別的孩子有出息。

「好，好，外婆會給你買的。」

牛頓興奮得晚上都睡不著覺，他躺在床上，幻想著把鋸子拿到手裡的感覺，那是一個孩子心裡的大事啊，得到那把鋸子，便是他生命中最重要的事了。牛頓把每個細節都想得清清楚楚：把那塊太長的木板鋸短，再用刀子把它刨平，其他幾塊光滑的小木板可以釘到四面，最後再用半塊木板釘在上面，剩下的一半空處讓外婆做一塊布簾蒙上。對了，小箱子要刷上漂亮的藍色和白色，布簾也要用這種顏色的。

多漂亮！還有那個小板凳……想著這些開心的計劃，牛頓不知不覺地睡著了，他的嘴角還掛著滿意的笑容。

外婆第二天從市場回來的時候，真的給牛頓帶回了一把小鋸子，牛頓的夢境成真了，而且這盼望並沒有耽擱太久。牛頓真的有點欣喜若狂了，他要讓鄰居叔叔看看它，還要去跟叔叔學習使用方法。

牛頓一溜煙跑過河上的一座小橋，跑到大樹下面叔叔的家。叔叔見到牛頓，問他：「牛頓，什麼事這麼高興啊？」

「叔叔，我終於有自己的鋸子了。」牛頓答道：「看，多漂亮的鋸子啊！」

那把普通的小鋸子因為是牛頓夢寐以求的第一把鋸子，在他的眼中，也許閃耀著魔杖一樣的光芒吧！

改造日常生活用具

　　牛頓在學校裡用功學習，放學後，他就飛奔到自己熟悉的大自然懷中。有時他的某一件木工前一天沒有完成，第二天白天他一有空就想一想製作的詳細過程，放了學，他心裡已經想得十分清楚了，直接跑回家去，按計劃快速地把它做完。

　　牛頓把外婆給他的零用錢都用於買釘子之類的東西上了，他還是那麼喜歡做木工，而且隨著他一天天長大，思維越來越複雜，做的東西也越來越有創造性了。以前他只是模仿著做一些桌椅板凳之類的家具，現在他在認真觀察的基礎上能設計改造一些用具了。

　　有一天，牛頓放學回到家，飯都來不及吃，就把自己關在屋子裡忙碌起來了。外婆十分了解自己的小外孫，所以很晚的時候才把飯端到牛頓的房間，微笑著瞧他那幼稚又專注的、一本正經的神情。

　　牛頓終於忙完了，他抬起頭，見外婆正慈愛地看著他。他高興地對她說：「外婆，我把原來的舊手推車給你改成了四輪車，這樣你去市場買東西的時候就方便了。」

　　外婆欣慰地笑了，這個聰明懂事的孩子，總能把問題看在眼裡，記在心上。

　　學校裡休息的時候，牛頓總願意陪著外婆到市場上去。以前他陪外婆去的時候，發現有時東西買多了，或是買了大件的東西總是不好拿回家，現在這個問題終於解決了。

改造日常生活用具

牛頓給外婆改造的四輪車，幫了外婆的大忙。

這一次，他們特意買了很多需要的物品，用四輪車推了回來，路上的人見了都誇獎說這輛四輪車做得好，牛頓心裡暗自得意。推到家的時候，連鄰居家的叔叔都誇他心靈手巧。

牛頓的成就感並沒有使他得意忘形，反而鼓勵了他，使他對手工製作更有興趣了。他對自己充滿了信心，他認為自己一定能做很多的東西，只要認真做，都能做成功。即使經歷過失敗，他也對結果有著積極的企盼。

受到成功做好四輪車的鼓舞，牛頓一直在考慮做一件更有意義的東西。

一天放學後，牛頓又照例跑到河邊去玩。他發現威沙姆河那邊有很多人，他好奇地去看發生了什麼事。原來這些人正在安裝一個大水車，那架水車很舊也很笨重，大家好不容易才把它安裝好。

牛頓第一次見到這種水車，覺得很有趣，等到大家都走了，他就在那認真地觀察起來。

第二天放學後，他又跑去觀察。他發現這笨重的大傢伙還能工作呢！村裡的人把磨麵機與水車連接起來，讓水車帶動磨麵機，轉眼麵粉就磨好了。牛頓覺得很納悶，這是怎麼回事呢？他的小腦袋又開動起來了，但他沒有問別人，而是自己觀察了一番。他發現，兩個輪子一個轉得快，另一個轉得慢，而且兩個輪子的齒數也不一樣。他回家以後，還一直思索著這件事，第二天的課都沒聽好。

第三天傍晚，他又去觀察，這一次他聽村民在議論：「這架水車太破舊了，使用起來太費力了。」

「是啊，用一回要費這麼大的力，真是不方便。」

聽到這些話，牛頓突發靈感，他心想：「怎樣才能做個更好的水車呢？」

回到家以後，他就把自己的工具全都倒了出來，動手做起了水車來。開始他只是做了個比較像的模型，但它並不會轉動。

第四天傍晚，牛頓去請教鄰居叔叔，叔叔幫他檢查了一下，告訴他應該怎樣改正。牛頓如法炮製，果然做成了一個非常靈活的小水車。

牛頓想，我的小水車這樣靈活，而村裡的大水車卻那麼笨重，我要想辦法把村裡的水車變得小巧一些，這樣就會讓大家省力氣了。

有了這樣一個宏偉的計畫後，牛頓做起活來更加有勁了，他一連幾個晚上都在忙著這件事，拆了裝，裝了拆。失敗了就好好研究一下失敗的原因，不斷地改進，最後他終於做成了一架輕便靈巧的小水車模型。

牛頓總是把作品第一個拿給外婆看，她是牛頓作品的忠實欣賞者，她總是滿足牛頓需要稱讚的慾望，也總是鼓勵他。

這一次的作品讓外婆笑得合不攏嘴了，她覺得牛頓越來越有出息了。牛頓用扇子搧動小水車，小水車轉動起來了。外婆看著這精緻的玩意兒，也愛不釋手。

鄰居叔叔見到牛頓改進後的小水車，驚訝於他的心思和他善

於思考的能力，把他的改進方法告訴了村裡人，大家都很高興，
而且都沒想到這個平日裡十分靦腆、沉默寡言的小孩子，竟然這
麼聰明能幹，真是讓大家刮目相看。

意識到自己並不弱

　　同學們知道牛頓做了一架非常好的小水車，受好奇心的驅使都想看一看。

　　牛頓平時雖然很少和大家交流，但他的內心還是有溝通慾望的，只是習慣成自然，少了說話的勇氣。牛頓頭一次受到大家的重視，心中不免很得意。

　　當天放學回家時，外婆看出了他的異樣，就問他：「牛頓，遇到什麼高興事情，給外婆講講好嗎？」

　　「沒什麼，外婆，有人想看看我的小水車。明天我要把它帶到學校去。」牛頓高興地說。

　　第二天，牛頓起了個大早，把自己的小水車擦得乾乾淨淨，又用一塊乾淨的布把它包起來，帶著它一起上學了。

　　班裡的同學還沒來幾個，見到他把小水車帶來了，趕快圍了過去。牛頓見到大家敬佩的表情，心裡有了幾分滿足感，他小心翼翼地打開了小水車外面圍著的布。

　　同學們立時驚叫起來：「哇，太漂亮了！」

　　「真的，沒想到你的手這麼巧！」

　　「真不敢相信！」

　　「是你自己做的嗎？」

　　「當然了，」牛頓怕大家不相信他，有點激動，「我還做過許多東西呢！四輪車什麼的，一般的東西我自己都會做。」

意識到自己並不弱

「那你會做房子嗎？」

「會啊，但只能是模型，我能做個像教堂一樣的木頭小房子。」大家臉上露出了羨慕的神色。這時，更多的同學來到了教室，也都圍攏過來看，教室裡一片讚嘆聲。

班裡最霸道的一個孩子也來了，他見到班裡從沒出現過的壯觀場面，有些驚訝。這個男孩子平日裡總是欺負大家，尤其是一些弱小的孩子，他以為這樣就可以控制大家。可今天，另外的人受到重視，他感到心裡很不是滋味，尤其發現那人竟是平日裡讓人看不起的牛頓，更是壯了膽子，想找機會欺負他。正巧同學們在問牛頓：「牛頓，你的水車能轉嗎？」

「當然能了。」牛頓用手轉動了水車。一個平時學習不錯的學生卡特問他：「你的水車為什麼會轉，能給我們講講其中的道理嗎？」

牛頓一時語塞，這是一個他始料不及的問題，他回答不出來。「小霸王」抓住這個機會，上前按住水車，嘲笑地說：「這麼笨的人，怎麼可能做出水車來呢？」

牛頓氣憤極了，那是他自己精心製作的小水車呀！他要拿回自己的東西，然後像平時一樣默默地回到自己的座位上去。小霸王故意把小水車碰到地上，小水車摔碎了。牛頓禁不住大喊：「你為什麼弄壞我的小水車？」小霸王是個大塊頭，比牛頓足足高了一截。他根本沒把牛頓看在眼裡，吼道：「喊什麼喊，誰把你的破水車弄壞了？」說著，他還朝牛頓的肚子上踢了一腳。

牛頓平時雖然老實，但還沒有被小霸王這樣欺負過。這一次終於激起了牛頓倔強的性格。他發瘋般地衝了過去，掄起一拳，

重重地打在那個小霸王的臉上。他心裡再也不用顧忌自己是否能打得過別人了，只想到自己一直積鬱的悶氣終於可以全部發洩出來了。

小霸王受了這一拳，銳氣大減，他根本沒料到牛頓會還手，這一下竟讓他反應不過來了。就這樣，瘦小的牛頓竟然把實力懸殊的男孩子打倒在地。

全班同學都驚訝了，暗暗叫好。因為平日裡小霸王欺負眾人，大家都是敢怒不敢言，更不敢還手去打他。今天，不起眼的牛頓與他交了手，開始時大家還替牛頓擔心，怕他一時衝動，結果會不堪設想，都替他捏了一把汗。現在大家發現「小霸王」並不是不可征服的，禁不住一起大聲歡呼起來。

牛頓壓住小霸王，對他喊道：「聽著，你以後還敢不敢再欺負我？」

小霸王氣喘吁吁地說：「不敢了，我再也不敢了。」

小霸王雖然生氣，但膽量已減了大半，加上同學們的態度已傾向於牛頓，他自己已經是孤家寡人，自知無趣，便向牛頓求饒。

牛頓看到小霸王求饒，這才鬆開了手。他站起來看看周圍，那充滿怒火的眼神，倒把圍觀的同學嚇了一跳：牛頓是欺負不得的呀！你看！他多麼高大！

這是牛頓有生以來第一次，也是最後一次打架，但這場架卻改變了他的一生。從此他的性格逐漸得到了完善，原來那種拘謹、內向、沉默的內在性格，轉變成好勝的征服性和外向性性格特徵。

意識到自己並不弱

　　有些本性裡的東西改起來的確要費一番工夫，但學習上他也一定能趕上別人，他並不比別人差，只是他從來都沒有認真學習過。

　　以前，在牛頓的潛意識裡，他總覺得自己是個弱者，所以只與自己相處，成為自己世界裡的英雄。然而，那一天的經歷讓他意識到自己並不弱，自己能夠得到別人的承認。

對功課產生濃厚興趣

「水車風波」之後，牛頓變了。

牛頓認識到了自己的優點，聰明、有頭腦、善於動手；同時也認識到了自己的缺點，自卑不合群、學習不認真。如果自己在學習上有做木工的勁頭，也一定能有好的成績，自己不是還做出了同學們做不出的水車嗎！

他暗暗對自己說：「我一定能成為一個功課好的學生！」

從此以後，牛頓不用別人提醒，自己就自覺地把倔強的個性轉化為頑強的意志，並把它用在了學習上。上課的時候，他認真學習；放學的時候，他仍做自己喜歡做的事，但前提是一定先把功課做完。

他牢牢地記住了這樣一句話：「該學習的時候就學習，該玩的時候就玩。」

上課的時候，他不再害怕看老師了，而是緊緊地盯著老師，跟著老師的思路，不再走神去想別的事。他專心傾聽老師講的每一句話，記錄下老師講的每一個重點內容。這樣他就再也不怕老師提問他了。老師的問題，他總能對答如流，有時他還能找到問題向老師請教。

牛頓對各門功課都有了一定的了解，也逐漸產生了興趣。興趣是最好的老師，牛頓的鑽研精神一旦用在了自己感興趣的事物上，便如魚得水，發揮了重要作用。

對功課產生濃厚興趣

有一天放學後，牛頓在學校裡把功課做完，又跑到大自然中去了。青草仍然綠著，樹葉已經簌簌地落了下來。黃色的落葉鋪在青草地上，那顏色是多麼美麗！還有一些葉子仍留在樹上，風一吹，嘩嘩地響，可它們仍很頑強地堅守著。

牛頓在河邊的那塊草地上躺了一下子，突然發現了一塊石頭中間的小草。綠色的、嫩嫩的小草夾在灰暗色的石頭中間，竟然曲曲折折地長了出來。

牛頓的心裡忽覺一亮，是從哪聽過的一句話呢？「只要小草努力，石頭也會對它微笑。」這話說得多好！牛頓把這話對自己重複了幾遍，覺得自己現在的生活很好。

他曾經告訴外婆說希望成為像舅舅那樣的人，可以前他覺得這目標太渺茫了，他離這目標很遠很遠。現在不同了，他覺得只要努力，沒有什麼事是辦不成的。

外婆不是說過要成為像舅舅那樣的人，就要讀很多很多書嗎？現在最重要的就是要把自己必須學的書看懂，將來要看許多許多書，學很多很多知識。

牛頓本來就愛動腦筋，自從對功課產生了興趣，他把精力全部投入到了自然科學、繪畫、文學等方面。學習有了直接動力，又能勞逸結合，講究學習方法，所以他的學習成績很快提升上去了，後來竟然成了班裡數一數二的好學生。

同學們對他的進步感到望塵莫及，不禁暗暗驚嘆。當然大家都漸漸尊敬他了，因為他很多方面都是第一，無人可比，誰還敢瞧不起他？還有很多人甚至有些嫉妒他。牛頓各科成績都跑到了

前面，得到了老師和同學們的尊重，有很多同學甚至開始向他請教問題。他意識到了認真念書帶來的好處，更加堅信了自己的做法是正確的。

牛頓自從愛上了念書，就不像以前那樣沒日沒夜地做手工了。他知道自己應該在什麼時候學習，什麼時候消遣，而且他把念書排在了最重要的位置。牛頓自己心裡十分清楚，木工做得再好，將來也只是個木匠，要想成為像舅舅那樣受他人尊敬的人，就一定要懂得比木工多得多的知識。所以他總是把功課忙完了，才開始認認真真地做木工。

他在自己做的小木桌上貼上了自己的座右銘：「功課第一，手工第二。」

牛頓還不打算完全放棄做手工，當他做完功課需要休息的時候，他就會拿出他的工具箱，「叮叮噹噹」敲上一陣。

一天，鄰居叔叔來看牛頓，見他正在埋頭寫作業，便探過頭去，見到桌角上的座右銘，心想，這孩子的決心可真夠大的。

牛頓見叔叔來了說：「叔叔您先坐，我一下子就寫完了。」

叔叔一直等牛頓寫完作業才說：「牛頓，你好長時間不去我那裡了，原來正忙著唸書啊。」

牛頓說：「叔叔，我這幾天把時間都排滿了，所以沒辦法經常去看你。」

「你愛學習是件好事啊！」叔叔說：「叔叔可以常來看看好好唸書的牛頓呀！將來牛頓要是唸好書，要比叔叔強得多。可是牛頓一下子有了這麼大的學習動力，真是讓叔叔沒料到啊！」

對功課產生濃厚興趣

　　牛頓其實真想把這個轉變的原因，原原本本告訴給某個人，
他的內心其實是需要有人來分享他的祕密、快樂和憂傷的。

　　叔叔又自言自語地說道：「有點奇怪，可是也沒有什麼奇怪
的。牛頓跟別的孩子不一樣，我早就看出來了。」

對藥品配置實驗著迷

牛頓 10 歲的時候，他的繼父去世，母親漢娜回到了伍爾索普生活。牛頓重獲母愛，隨後的一個時期也許應是一段快樂的插曲。不過快樂中也有許多苦，因為分享母親關愛的還有一個同母異父的弟弟和兩個妹妹，其中一個妹妹還不到一歲，另一個剛剛兩歲，他們也許是母親關注的中心。

西元 1655 年，12 歲的牛頓該上中學了，這一年，他被送到格蘭瑟姆鎮中學去讀書。牛頓來到格蘭瑟姆鎮，除了金格斯中學外，還要去的地方便是鎮上的藥劑師克拉克（Clark）家。克拉克夫人自幼便與牛頓的母親漢娜是好朋友，由於牛頓在鎮上也沒有別的親戚，因而牛頓在金格斯中學讀書的日子，便要寄宿在克拉克家。

牛頓對克拉克夫婦感到生疏，因為他們從未見過面。已感到對陌生的金格斯中學有些不適應的牛頓，一想到又要和這陌生的一家人見面，並且還要長久地住下去，不免有些忐忑不安。

克拉克的家在鎮中心，閣樓的樣式與自家的相差不多，這種相像使牛頓產生了好感。與克拉克夫婦的見面也同樣令他感到愜意，因為夫婦二人都是那麼和藹可親，毫無陌生感，就好像在哪見過一樣。克拉克夫婦特意為牛頓準備了一間閣樓，好讓他能夠比較舒適地生活和學習。

對藥品配置實驗著迷

　　牛頓是個內向沉默且拒絕陌生人的人，但在克拉克家卻不一樣。他好像很快習慣並喜歡上了這裡的生活，並沒有初來時想像的孤獨感。自幼失去了父愛、母愛的牛頓感到了家的溫暖。另外，克拉克家與眾不同的家庭氛圍也吸引了牛頓。

　　克拉克先生是鎮上有名的藥劑師，在當時的英國，有些藥品需要藥劑師自己配製，因而，克拉克先生便有自己的藥品配置室。克拉克先生的藥品配置室可稱之為今天的實驗室。

　　在克拉克的實驗室中，各種配藥儀器布滿了整個房間，有坩堝、天平及各種玻璃實驗製品，這些都深深地吸引了牛頓。他以前用鋸子、斧頭模仿著看過的東西，做過小水車之類的東西，但從沒接觸過這類東西。

　　每當克拉克先生走入他的實驗室時，都令牛頓產生一種莫名的衝動，他要看看這些東西到底是怎麼用的。克拉克先生每次配置藥品時，神色都是那麼嚴峻，顯得是那麼小心謹慎。

　　克拉克先生用小天平稱來稱去，各種藥劑有白的、紅的、黃的，接著他又把各種器皿連接起來，然後又用火加熱、用水冷卻，在器皿中的藥劑一下子變成了其他顏色，一下子又由氣體變成了液體。在旁邊觀看的牛頓被他的實驗深深吸引了。

　　牛頓心想，這些東西太神奇了，為什麼要對它加熱？為什麼要把那兩種東西放在一起？為什麼它會變色？這些對於他來說，真是變化無窮，充滿著無盡的魅力。對克拉克先生實驗室的關注完全出自牛頓的內心，對這些陌生的東西他自己都不知道為什麼會這麼熱愛。

他很羨慕和敬佩克拉克先生的博學，同時想像著有一天自己也什麼都能知道。

克拉克先生也看出了這個孩子與眾不同，便耐心引導他，希望這個對知識有著無盡欲望的孩子能有更大、更快的進步。

他告訴牛頓，在進行實驗前你一定要掌握必要的基礎知識，因為只有在一定理論的指導下，才能透過實驗驗證自己想法的正確性，因而，掌握知識是很有必要的。牛頓把這些話深深地記在了心裡。

格蘭瑟姆中學的校長斯托克，是牛頓在伍爾索普就讀學校的承辦人，他是一位很有名望的教育家，對牛頓也特別看重。另外數學老師是克拉克孿生的弟弟，他們為人都很友好。

這種溫馨的學習環境，對牛頓來說是很理想的。他在這裡主要是學習拉丁文文法，此外學習數學和神學，數學則以幾何為主。

這時的牛頓仍然不愛講話，愛沉思默想。他既不接近老師，也不大和同學親近，僅僅和克拉克夫人與前夫所生的女兒安妮・斯托勒比較親近。

牛頓一看到這個端莊文靜的女孩子就不由自主地喜歡上了她，不愛說話的牛頓在她面前卻總有很多話題。

斯托勒和牛頓年齡相仿，兩個人談得很投機。牛頓為了討她的歡心，常常給她做玩具或者修理家具什麼的，表現出他的心靈手巧和別出心裁。

斯托勒看在眼裡記在心上，有時也會流露出來。隨著時間的推移，在這對少男少女的心中不由得萌發出一種情不自禁的、朦

對藥品配置實驗著迷

朦朧朧的，然而卻震動兩個人心靈的感情，像一股不含一點雜質的清泉流淌在彼此心裡。當斯托勒不在身邊時，牛頓有時會詩興大發，隨口吟出幾句。

享受動手實踐的愉悅

牛頓從來沒有停止過動手做實驗，有一本叫做《自然與藝術之謎》的書對他影響很大。從這本書裡，他學會了變戲法、製作煙火、調顏色、製圖以及自製有趣的玩具。他還是改不了那個自幼養成的習慣，只要書裡講到有趣的事，他都要親自嘗試一番，這種親自動手做實驗的習慣使他終身受益。

牛頓在家鄉上學時，就喜歡畫畫，畫一些花草樹木，畫他所看到的美景。到了格蘭瑟姆鎮後有了空閒時，便拿出筆來畫畫。

這也許是和他熱愛大自然，充滿美麗的幻想有關。牛頓有時也寫一些短詩，和畫畫一樣，他也並沒有作詩的天分，他寫詩只是為了表達自己的志向和情感。

在克拉克家裡的生活是快樂的，有活潑可愛的斯托勒做伴，他有成年人的成熟，有孩子的天真，有思想家的思維。然而剛上中學的他經常會陷入沉思，難免會遭到一些調皮孩子的取笑和嘲弄。

沒過多久，他又對讀書產生了熱情，對此是如痴如醉，有些時候近乎瘋狂，只想著讀書，忘記了其他的事情。在日後的生活中，牛頓也始終對讀書有著難以捨棄的摯愛，這已成為他的一種習慣，根植在他的生命中。

夜色已深，牛頓並沒有睡去，他伏在桌前有滋有味地看著書。

享受動手實踐的愉悅

　　在周圍鄰居的印象裡，彷彿克拉克家閣樓的這間房間的燈一直都是亮著的。搖曳的燈光下，牛頓沉醉在書本裡，思緒伴著文字交響著，不知不覺，時間已經過去很久。一陣陣夜風從窗外吹進來，帶著些涼意，牛頓不禁打了個寒顫，順便拉了拉衣襟，目光順著窗外望去，窗外還閃著點點星光。灰暗的夜空在點點星光的映照下，顯得是那麼空靈、悠遠，這景象不禁引來牛頓一陣陣哀愁，透過夜空他想到了意念中遠在天堂裡的父親。

　　在牛頓的記憶中，父親只能想像，他是看不到的，可他多想見一見父親。遠處的星光依然是閃亮的，在遙遠的夜空中父親會不會也同樣像其他人的父親關愛兒女一樣，關注著他這個孤獨、弱小的生靈？想到這裡，牛頓的眼中不免有了點點淚光，再遙望遠方，彷彿那天邊的星斗也同樣帶著哀傷。

　　「啊，那個像柄長劍，那個像個仙女，哦！那個像頭獅子。」

　　「好像在哪裡看到過有關寫星星的書！」牛頓急急地衝出門，向二樓的藏書房跑去，轉而又躡手躡腳，因為他怕在深夜中驚醒早已沉睡的善良的克拉克夫婦。

　　時光飛速地流逝著，牛頓的閱讀範圍早已超過了課堂上所學的知識範圍，他的學識也得到了同齡人和師長的公認。牛頓剛到格蘭瑟姆住下來時，發生過一次深深灼痛其記憶的事。

　　那時他甚至還沒有機會表現出自己的傑出智力。要麼是鄉村小學給他留下的底子太差，要麼是他再次陷入了孤獨，心存恐懼，所以在班上的名次很低。

　　有一次下課時間，大家正玩得興高采烈的時候，一個成績好

的學生藉故踢了牛頓一腳，並罵他笨蛋。

牛頓的心靈受到這種刺激，憤怒極了。他想，我們都是學生，我為什麼受他的欺侮？我一定要超過他！

從此，牛頓下定決心，發奮讀書。他早起晚睡、爭分奪秒，勤學習、勤思考。經過一段時間的艱苦努力後，牛頓的學習成績不斷提高，不久就超過了曾欺侮過他的那個同學，名列班級前茅。

隨著他的名次升高，他把他坐過的每張椅子上都用隨身帶著的工具刻上自己的名字。今天，這些椅子已不存在了，但就在那個石窗邊沿上卻還留著他的簽名。

牛頓把大量的時間都花在了機械發明上，常常耽誤了自己的功課，落在後面。每到這個時候，他就會把精力轉向書本，很快又趕上前去。

當別的孩子在玩耍時，牛頓總是在那裡動腦筋，一般的孩子都感覺牛頓與眾不同。他曾說過，他一生中的第一次實驗：先是順風跳，然後逆風跳，將結果與他在無風的日子裡跳躍的結果相比較，用這種方法來測量風暴的力度。

他告訴男孩子們：這次風暴比他以往經歷的任何風力要強上一公尺，他們聽後都愣在了那裡，然後牛頓就給他們看他測跳距的標記。

在格蘭瑟姆中學，牛頓還有其他的消遣，其中就有在科爾斯沃斯教堂的一個日晷。牛頓在 9 歲時製作的日晷所涉及的就遠不止運用工具的技巧，它們代表的是一種知識挑戰。

享受動手實踐的愉悅

牛頓在克拉克的家裡放滿了日晷，自己房間裡、別人房間裡、門口，總之放在陽光能照進來的所有地方。

他把木釘釘在牆上標誌一小時、半小時甚至一刻鐘，木釘上繫上繩子，上面有移動的球，可以連續不間斷地測量每天的影子。他做著曆書似的記錄，學會了區分太陽的週期，他分得出分點與至點，甚至分得出一月中的各天。如有人問他時間，他常常是不看鐘，而是看看影子就可以回答出來。

他畫畫的技能也日益精進，克拉克先生的屋子再次受到他這股熱情的衝擊。據後來住進這間閣樓的人證實，牆上滿是用炭筆畫的人物、船隻、鳥獸和植物。他還畫了查理一世（Charles I of England）、約翰·多恩（John Donne）和校長斯托克的像。牆上還有幾個圓和三角形。

幾乎在每塊木板上，都刻著「牛頓」的名字，由於是刻上去的，很難擦去，與學校裡的課桌一樣。

在格蘭瑟姆度過的這段中學時光，是牛頓一生中最快樂幸福的日子，在這裡他已完全適應了生活並且找到了自己理想的生活狀態。

學校的課堂、藏書的閣樓、自己的臥室兼手工作坊，這裡的每一天都是充實快樂的，就像是貪財的人發現了無主的寶藏一樣，覺得離開一秒都是一種心痛。牛頓在這裡度過了一年多的時光。

在這所學校裡，牛頓結識了一位對其一生都有著重要影響的良師，他就是牛頓就學的中學校長 —— 斯托克校長。斯托克校長以他幾十年的教學育人經驗和超出常人的伯樂眼光發現了

牛頓。

　　其實牛頓在學校裡的表現在一般人的眼裡顯得未必是那麼出類拔萃，在剛入學時他被編入了低等班，成績也是一般。

　　後來成績雖然有很大提高，也只能說是個優等生而已。但是斯托克校長卻一直默默地關注著這位，他認為是他教過的最優秀的學生。

試製精美的小風車

牛頓從小養成了愛動手的好習慣，他經常自己動手做一些手工藝品。當寄宿到克拉克夫婦家裡後，牛頓的臥室裡也就堆滿了各種各樣自製的小玩具。

當牛頓有空閒的時候，就會幫克拉克夫婦修理一些損壞的家具，所以克拉克夫婦也都很喜歡他。

在格蘭瑟姆鎮，有一座大風車，離牛頓的學校很近。每當放學後，或是有時間時，牛頓就會跑來看看風車，研究它的工作原理。有時，他一看就是幾個鐘頭。

他心想：「我也要做一個風車，但是它太大了，我要做一個小的。」牛頓是個敢想敢做的人，有了這種想法後，就開始動手做了。有一天，克拉克先生跑到樓上，看到地板上到處都是零散的木片、木棒和帆布，就好奇地問牛頓：「艾薩克啊！你弄來這些做什麼呀？」

「您猜猜看。」

克拉克先生拿起一個貼著布的長三角形木框，東瞧西瞧地研究了半天，搖搖頭說：「我猜不著，我想這是一個很大的東西吧！」

「不錯！這是用來做風車模型的。」牛頓興奮地說。「風車？」克拉克有點不解。

「是的！這個東西花去了我很多時間，費了好大勁才研究出

來的。」牛頓一邊說一邊敲打起來。

「克拉克先生，你們趕快上來呀！我的風車已經做好了。」

克拉克先生馬上跑到二樓去，克拉克太太這時正在廚房做飯，聽到牛頓的喊聲，也放下了手中的東西，在圍裙上擦了擦手，就跟著跑上樓去了。

「哇！好漂亮的風車呀！」克拉克太太驚叫著。

「做得非常精緻，看來這孩子不一般，他真是個天才啊！」克拉克先生驚訝道。

牛頓的新發明受到克拉克一家人的好評與讚揚，他們當即決定把這架風車安放在屋頂上，這樣不但可以測風力和風向，還可以作為藥店的招牌。克拉克先生和牛頓迅速地爬到了屋頂上，準備安裝風車，很快，底座就固定好了。藉著風力的吹送，風車很順利地轉動了起來。「轉啦！你看，風車轉起來了。」克拉克先生像小孩般地叫起來。

「哇！太好了！」

沒過多久，鎮裡的人們都知道了克拉克家增添了新玩意兒，都紛紛跑來觀看。那個在風中順利旋轉著的精美風車，讓在場的每個人都讚嘆不已。

其中一個人說道：「那個風車是寄住在克拉克先生家的牛頓做的。」

另一個年輕人急忙補充道：「是那個小孩嗎？他真的很棒！除了會做風車外，他還會做各種各樣的東西呢！」那個年輕人得意揚揚地說，好像自己是牛頓似的。

試製精美的小風車

「真的嗎？那他豈不是要成為大發明家了！」

時間久了，人們慢慢對風車的事討論得比較少了。可就在這個時候，新鮮事又發生了。當沒有風的時候，鎮上的風車不再轉動了，而牛頓的小風車還在不停地轉動著。於是大家又開始議論起來了。

「咦！這是怎麼回事，這太奇怪了！」

「有什麼好奇怪的？」

「你看，沒有風時，鎮上的風車不動了，而那部風車還是一樣地轉呢！」

「咦！也許那部風車與眾不同，是部魔術風車！」

「很有可能！我經常見到那個少年在走路時，嘴裡還唸唸有詞呢。」

這樣一來，全鎮的人都說牛頓是個魔術師。當這個傳說傳進了教堂牧師耳朵裡時，他沒有理由不管這件事，因為在上帝所統治的世界裡，是不容許有任何魔術師出現的。這天，牧師急匆匆地跑到藥鋪裡，氣喘吁吁地問克拉克：「克拉克先生！那魔術師在哪裡？」

「哦！魔術師？我這裡沒有魔術師？你是指艾薩克嗎？他就在樓上。」克拉克一面回答，一面往樓上喊著：「艾薩克，有人找你。」當牛頓咚咚地跑下樓時，牧師朝他打量了一下，一看原來是個活潑可愛的小孩子，原先一肚子的怒氣瞬間消去了一大半，馬上用較和藹的口氣說：「那個風車是你做的嗎？」

「是的，那個風車是我親手做的。」

「外面傳說你那風車是魔術風車，是真的嗎？」牛頓笑嘻嘻地說：「牧師先生，請跟我到樓上去，你就會明白是怎麼回事了！」

　　當他們爬上屋頂時，牛頓便把風車下面的箱子打開給牧師看。

　　「哦！原來是這樣。」牧師看過後，禁不住大笑起來。

　　原來，牛頓在風車模型上面裝了一個小踏車，由一隻老鼠帶動。

　　並在老鼠的尾巴上繫一根細繩子，繩子的一端安一些彎鉤，或是在老鼠的頭上吊一粒玉米。這樣老鼠就一直繞著風車的中心軸棒不停地轉動。因此，即使在無風的情況下，只要老鼠不肯停下來，風車就會轉個不停。牛頓把這隻老鼠稱作他的磨工。

　　鎮民們知道了真相後，都讚嘆牛頓的聰明才智。鎮民們都叫他「小魔法師」，後來又變成了「少年發明家」。透過這件事，鎮民們也更多地接觸、了解了牛頓。

沉迷於知識的海洋

　　人生的命運總會有些戲劇化的色彩，說不上哪一時期就會有大的轉機。牛頓的人生就是個典型的例子。有一天，牛頓接到了母親託人帶來的信件。母親此次寫信的意圖是勸說牛頓放棄學習，回到伍爾索普村。

　　因為漢娜感覺在持家方面實在有些力不從心，希望這個家裡的長子能夠回來幫一把手。其實漢娜是以一個能幹的農村婦人和善良的母親的心態，為這個自己深感歉疚的兒子考慮長遠未來的。

　　她決心把自己繼承的和經營的，在村裡人看來較可觀的家產留給牛頓，而此時最應做的是盡早把牛頓培養成一個合格的農場主，好讓他不僅繼承這份家業，而且要把這份家業發揚光大。

　　母親去學校接牛頓的那一天，斯托克校長曾懇切地提出自己的建議，希望漢娜能好好考慮考慮。因為他認為牛頓是個可造之才，然而比她兒子還倔強的漢娜委婉拒絕了斯托克校長的請求。

　　牛頓回到了伍爾索普，他的那些同母異父的弟弟妹妹們給予了他最熱烈的歡迎，他也非常喜歡這些可愛無比的弟弟妹妹。在牛頓上學的那段時間，每到星期六的下午，這些弟弟妹妹們都會跑到街上來等牛頓回來，一看到牛頓，都高興地叫喊著：「哥哥回來了！」接著，三姐弟馬上跑過去，兩個分別拉著兩隻手臂，另外一個拉著衣角不放，牛頓就在這樣的擁護下回到了家。

大妹妹瑪麗已經出落得亭亭玉立，小妹妹哈娜還是個可愛的小女孩，每次牛頓放假回來，姊妹倆都撒嬌似的吵著要牛頓講故事。而當星期天下午，牛頓要離開家回學校時，姊妹倆更是拉著他的手不放，好像這一去就回不來了，她們兩個央求：

　　「哥哥，下禮拜一定要回來喲！」但是這一切似乎都太短暫了，再也不會有那樣的經歷了，而今後他要每天面對她們了。漢娜看到自己的兒子放棄學業回到家後，心裡很是欣喜，彷彿看到了兒子未來莊園主的形象。勞累的漢娜彷彿肩上的擔子也輕了不少，她按部就班地培養著這個財產繼承人。十幾歲的牛頓在這個缺少男主人的家庭裡，也被大家自自然然地當作成熟的男人來對待了。

　　按照母親的要求，他要為弟弟、妹妹建立榜樣，他要逐漸地承擔起這個家裡裡外外的大小事情。牛頓的小莊園主的生活開始了。

　　早上起來，牛頓要隨著家裡人到地裡去幹活，伴著東昇的太陽，牛頓隨著母親和幾個雇工來到了田地裡。

　　雖然他已經度過了幾天這樣的日子，但他實在覺得這種工作有些乏味。當然除了遠離農村生活已有一段日子，有些不適應農村的生活外，更使他難於容忍的是在鄉村裡貧乏的精神世界。

　　人的精神世界一旦沒有了寄託，其狀態是可以想像的。

　　本來就沉默寡言的牛頓此時變得更加沉默了。他整天都沒有什麼話可說，更多時間是對大家報以慣有的沉默。

　　在農活間隙時，農夫們會愜意地享受著這短暫的休息時間的快樂，互相之間的說笑傳過田地灑向天邊。而此時的牛頓靜靜地

沉迷於知識的海洋

躺在樹蔭下，彷彿根本沒有聽見大家的說笑，眼睛直直地看著遠方，陶醉在自己想像的世界裡。

母親看在眼裡愁在心裡，她就想，哎，放羊的工作較輕鬆，還是讓他去放羊吧！

放下鋤頭拿起了羊鞭，牛頓在空曠輕盈的綠草地上更加自由地放飛著自己的思緒，在他眼裡想像的世界要比他所見的一切都吸引人。

放牧人的生活要比農夫的生活更適合他，在他的邏輯裡羊吃草是羊自己的事，每當牛頓把羊趕到草地上以後，他便放下鞭子躺在樹蔭下進入到他習慣性的思維裡。

這時，他就開始動手做水車模型，然後放到小溪裡，水車做得很精緻，還配備了堤壩和水閘。他看到自己的成果非常滿意。

「哥哥！哥哥！媽媽叫你呢！」

「好像我們家的羊把鄰家農田的苗吃了，快點，哥哥！」

由此漢娜不得不被告上了法庭，賠償了人家的損失。此時的牛頓要麼用各種工具製作模型，要麼沉醉於各種幻想，農場的生活使他陷入深深的痛苦和挫折當中。漢娜看到兒子沒有長進，也同樣陷入了痛苦之中。漢娜心想，做農夫不行可以讓他學做生意，如果讓他做個小農場主未必要學會種田和放羊，如果學會做生意也同樣可以料理好這份家業。想到這裡，漢娜便把去城裡賣農產品的工作交給了牛頓，並且還讓一個老雇工幫他。開始時牛頓的心情還不錯，因為他如果去賣東西的話便有了去鎮上的機會，這正是他所希望的。

在出發前的一些日子，牛頓還用他固有的靈性發明了一種新式四輪馬車。馬車與眾不同的地方是，車輛的駕馭方式很特別，即不用韁繩、只用一個手柄就可駕馭馬匹。

當然這種方式只能說是一種獨特小發明，不能作為一項偉大的創造，因為經過實驗檢驗它沒有流傳下來，但在當時的村子裡卻引來村民們陣陣的喝彩。

牛頓就是駕著這架馬車與老雇工一起往返於村鎮間的，以此來實現母親把他培養成生意人的願望。

初到鎮上的牛頓，頭腦裡不由自主地呈現出克拉克先生的藏書閣樓，也許回鄉的煩悶就是缺少了他的這些精神寄託，心底的河已不再流動，才顯得如此壓抑。

所以剛到鎮上，牛頓便跑到了克拉克家。他向主人借了他也許早就在心裡盤算好了的幾本書，匆匆地返回到市場。老雇工早已接到了女主人的叮囑，看著少年老成的牛頓也是無可奈何地搖了搖頭。

從此市場上便多了這麼一個獨特的風景：兩個人，一老一少，日出而來，老的準備賣菜，少的去借書。日暮時分，老人收拾好未賣完的各種農產品，然後叫上躲在遠處樹下看書的年輕人，兩人一起回家。

每當從克拉克家借完書回來後，牛頓便坐在樹下捧著書讀，完全沉迷其中。

一天，他正在樹下興致勃勃地讀書，恰巧被路過的舅舅看見。舅舅一看這個情景，很是生氣，大聲責罵他不務正業。他一

沉迷於知識的海洋

下子把牛頓的書搶了過來，定睛一看，牛頓所讀的居然是數學書，上面畫著種種記號，心裡頗受感動，一把抱住牛頓，激動地說：「孩子，就按你的志向發展吧，你的正道應該是讀書啊。」

聽了舅舅的話，牛頓也覺得自己應該去讀書，但是現在媽媽也正需要幫手。

牛頓的舅舅艾斯考夫曾就讀於劍橋的三一學院，現在是當地有名的牧師。在艾斯考夫的眼裡，牛頓是個很有個性的孩子，特別是與牛頓的一次不期而遇，更使他對這個外甥另眼相看了。那是一個夕陽西斜的夏日黃昏，艾斯考夫在參加城裡的一次教務活動後，信步走在街區的石街路上。街道似乎有些吵鬧，於是不遠的那片小林蔭吸引了他。艾斯考夫經過幾個人，來到了林蔭下，他的目光停住了。

在林蔭下，有一個石像一般的人，彷彿除了他的思維在活動外，其他的一切都是靜止的，就連他的呼吸都叫人難以覺察。艾斯考夫被這個看書的少年吸引、震驚了，而後又是一陣陣欣喜、驕傲，因為那個被書迷得如痴如醉的少年就是他的外甥牛頓。

「對知識如此熱愛和沉迷的人能夠成為什麼樣的人物呢？」艾斯考夫的思緒飛揚起來。

在一場罕見的暴風雨中，牛頓家的房子也在風雨中搖晃著，前院後院的件件物品更不用說了，一件一件被捲進風的漩渦。「哦，艾薩克！快，快幫我把後院的牲畜圈的柵欄門關緊，一旦吹開，牲畜就跑出去了，快！」經過一段時間的「戰鬥」，漢娜終於把一切都安頓好了，她拖著疲憊的身體，艱難地回到了房中。

「艾薩克呢？」漢娜望著艾薩克的弟弟、妹妹問，臉上帶著茫然。

「艾薩克跑哪裡去了？我讓他去關牲畜圈柵欄門，應該早回來了。」漢娜驚異不已。

「哥哥一直沒回來！他會不會出事呀，媽媽？！」妹妹說。

風更強了，雨也更大了。漢娜實在不放心，披上圍巾就向柵欄門衝去。可是當她看到艾薩克時，她卻呆住了：她的兒子並沒有去閂什麼柵欄的門，而是像一個落湯雞似的渾身溼透了，他在暴風雨中來回跳著，每跳一次，就在腳落地的地方做上記號。

看來牛頓已經在這裡很長時間了。牛頓很認真地測量，全然沒有注意到母親已經站在他面前。

「艾薩克，艾薩克，你這是怎麼了？」漢娜很害怕地呼喚著，把兒子大力地拽進了庫房，她生怕兒子是發神經了。

進屋後的牛頓用手抹抹頭髮和臉上的雨水，笑著對母親說：「媽媽，我在做一個實驗。」

漢娜萬分心疼，不解地問道：「做什麼實驗？」

牛頓說：「我在測風的速度和風的力量。我想知道順著風跳和逆著風跳差距有多大，然後我就可以知道風力到底多大了。」

母親雖不懂兒子的做法，但她卻明白兒子又鑽進某個問題的牛角尖了。

對務農不感興趣

回到家鄉後，牛頓每天都忙忙碌碌。可是他對這些農活絲毫不感興趣，在他心裡裝的只有學習、讀書。

牛頓除了喜歡看書外，其他的事情都不放在心上。只要他腦子裡想著一件事，不管周圍發生了什麼，他都置之不理。

那天，母親要牛頓去格蘭瑟姆鎮買小麥粉，母親為此很擔心，怕他又看起書來，其他的事不管不問，臨走時，再三叮囑牛頓，千萬不要帶著書，牛頓也誇下海口說不帶書，也不會再出差錯了。

到了鎮上，牛頓按照母親的要求買了小麥粉，就馬上返回。在回來的路上，牛頓跳下了馬，用手緊緊拽著馬韁繩緩慢地沿著原路走。他邊走邊思考一些問題。

當他走到一個山崗時已是傍晚，夕陽把山脈、田野、大地照得一片通紅，非常壯觀。牛頓被這景色深深吸引住了，就這樣，他觀看了很久，還不時看看周圍的其他景色。待他回過神來時，不禁驚訝了。

「哎呀！完了！馬不見了！」

不知不覺中，馬已掙脫了韁繩，不知跑到哪裡去了，留在手裡的只是一條空空的韁繩罷了。牛頓臉色頓時煞白。

「這下可不得了啦！闖大禍了！母親可要責罰的！」他心裡想。

他二話不說，撒腿就往家的方向跑去。他沒有歇腳，一口氣跑到家裡，剛停下腳步，發現母親已經在門口等著他了，那匹走丟的馬，正在馬廄裡嚼著草料呢！

　　牛頓這才鬆了口氣，母親沒有多說什麼，更沒有責怪他，只是搖了搖頭，去做其他事了。

　　這件事傳遍了全村，成為村裡人的話題。大家都覺得牛頓不適合務農，可母親還是抱有一點希望，畢竟他已經長大成人。沒過多久，母親對這件事也就漸漸淡忘了。

　　母親不但種了幾畝田地，還餵養了許多家禽，有幾隻土雞、幾隻山羊，還有一群鴨子。每天忙完農活，就要給這些家禽餵食。

　　有一次，母親忙著要去鎮上，便囑咐牛頓去餵雞，牛頓提著一大桶飼料，到雞欄裡去了。他正在餵雞，突然想到自己的手工玩具還沒有完成，要進行改進，於是丟下桶就走了。

　　在離開時，竟然忘了關雞欄的門。結果，一大群雞都跑到別人的田裡去，把田裡的幼苗都給啄得不能要了。鄰居就找到了牛頓的家裡，母親也受到了鄰居的指責，而且還賠了一大筆錢。

　　這樣，本來家裡的情況就不太好，又賠了一筆錢，眼看就要維持不了家人的生活，母親決定讓牛頓到市場上賣馬鈴薯，可以換些錢來。

　　這天，天還沒有亮，母親就把牛頓叫醒了：「兒子，快點起來，拿著馬鈴薯到市場上去賣，可以賣不少錢，這下家裡的開支就可以解決了。」

對務農不感興趣

母親邊收拾，邊囑咐牛頓，賣完馬鈴薯就趕快回來，不要在外面逗留。

「好的，我知道了，媽媽我去了。」牛頓揉了揉眼睛，拿起一塊乾糧，背著籮筐就上路了。在他臨走時，事先把一本書藏在了筐底。

很快就到了市場，牛頓找了一塊比較安靜的地方，把一筐馬鈴薯往地上一放，拿著書就埋頭看起來。

剛開始，他還叫賣幾聲，到後來，就聽不到叫賣聲了，原來他被書中的一個情節給吸引，完全投入到書裡去了。此時牛頓忘記了自己是來賣馬鈴薯的，有人問價，也不理睬人家，很多人都感到很驚訝，搞不明白這個孩子來的目的。

太陽的光輝慢慢暗了下來，傍晚的餘暉照耀著大地，牛頓合上書，抬頭一看，天要黑了，這才想起自己是來賣馬鈴薯的。

看看周圍，不見一個人，再低頭看看籮筐，還是滿滿的，牛頓只好背著籮筐回家。

剛到家門口，母親臉上露出了笑容，以為兒子賣了不少錢，當看到兒子的籮筐還是滿滿的時，不禁心裡一陣涼，感到非常失望。母親嘆了一口氣道：「你真不是做莊稼活的料！」

接連不斷發生的事情，使牛頓的母親開始覺得，他應該去讀書。就在母親猶豫不決，不知該不該送牛頓回學校的時候，有兩個人幫她下定了決心，也使牛頓的生活翻開了新的一頁。

重新進中學學習

母親漢娜和她的哥哥艾斯考夫商量著牛頓的前途問題。艾斯考夫早把事情看透了，他勸漢娜把牛頓送到學校去讀書，說牛頓這孩子可能不適合做莊稼人，他一切的作風都是那樣與眾不同，很可能會成為偉人，我們絕不能在此耽擱他。

「是啊，我也是這樣想的，從這些事上，我感覺他也不是做農活的料。可現在家裡的經濟狀況不太好，母親也年紀大了，我也快支撐不下去了，孩子們還小，要是讓他再離開家，我擔心⋯⋯」

「可是，你要為孩子著想，為孩子的將來考慮啊！」

「這點我是很清楚的，牛頓從小就喜愛看書、做手工或者沉迷於幻想之中。」

「所以這些才是他的喜愛之處，你不能再讓他做一個農夫了，不然他會一事無成的！」

艾斯考夫對漢娜說：「我們不僅讓他去讀中學，而且還要讓他去上劍橋！」

牛頓依舊痴迷於讀書、思考問題，做事心不在焉，有時好像突然想起什麼，趕快拿一支筆在小本子上寫著、畫著。

牛頓在這一時期對觀察和思考的問題有過很多記錄，在他的一些筆記本裡，分類記載著自然現象、顏色的調配、幾何問題、各種實驗的過程和結果等。

重新進中學學習

　　而且還不難看出，這時的牛頓也接觸了一些科學家的學說，並對哥白尼（Nicolaus Copernicus）的日心說產生了很大興趣。他也時時想念著可愛的斯托勒，想著與她在一起的快樂時光。

　　他們之間的感情太深了，雖然彼此都深藏在心底，但這種感情藏之愈深，思之愈切。回到格蘭瑟姆，已成了牛頓的最大願望。

　　牛頓的願望很快就實現了。這一天，格蘭瑟姆中學的校長斯托克先生親自來邀請牛頓返校。他是坐著馬車來的，這也太出人意料了！一個校長會到一個已輟學的孩子的家裡來，真是慧眼識才的伯樂。

　　牛頓的母親見校長來了，激動得不知怎麼辦才好。校長開口就說：「應該讓這孩子讀書。艾薩克是個成才的好料，將來一定能夠成名的！」

　　漢娜鄭重地低頭行禮：「謝謝校長，明天我就讓他重回學校。」漢娜把這一切全告訴了她的哥哥艾斯考夫。第二天，艾斯考夫親自把牛頓送回了格蘭瑟姆。

　　許多人都為牛頓能夠重返校園而高興，其中斯托克校長最為迫切。牛頓在返校的當天晚上便拜會了這位知音長者，斯托克滿臉欣喜地迎接了他的這位得意門生。

　　這天晚上，兩人談到很晚。斯托克向牛頓談了許多人生的經驗和治學的道理。

牛頓從沒這麼真切地感受到作為長輩的成熟和男人的關心，斯托克的每一句話都是他在想卻一直沒有想明白的問題，可以毫不誇張地說，斯托克的這次長談對牛頓日後成長造成了重要作用。

純真無瑕的感情

牛頓的童年是個動亂的年代，正趕上英國內亂，從西元 1642 年到 1649 年查理一世（Charles I）被送上斷頭臺為止，英國的戰爭持續了 8 年之久，最後由克倫威爾（Oliver Cromwell）掌握政權。

克倫威爾是一個虔誠的清教徒，他希望把這世界上一切罪惡都徹底清除乾淨，為了使自己的地位更加穩固，他開始追殺王黨成員及其追隨者，「鐵騎兵」也就是在那個時候產生的。

不僅如此，他還對英國人民喜好的各種娛樂活動進行阻撓，並下令禁止，使得倫敦的劇場都給封閉了，還要逮捕戲劇演員；另外，他還禁止農夫賭博，連賽馬和鬥雞活動也不許舉行。

星期天，他還派士兵在街上巡邏，酒家、射擊場和舞廳全部關閉。這天，每一個人都要在家裡進行禱告，誦讀聖經、唱讚美詩，不允許有任何戶外活動。

往日熱鬧非凡的倫敦，每到星期天，除了教堂裡傳出來的祈禱聲和詩歌外，就聽不到其他的聲音了。從此以後，整個英國失去了歡聲笑語，失去了活躍的氣氛，從而變成了一個沉悶、憂鬱的國家。

人們在私底下議論紛紛，心中充滿了憤怒，渴望這樣的日子盡快過去。

西元 1658 年 9 月，人們的心願終於得到了滿足。在一場暴風雨過後，克倫威爾感染風寒，臥病不起，沒有多久便去世了。

克倫威爾死後，他所推行的命令，自然也就失效了。

當時，人們都希望回到以前的生活當中，回到過去的那個時代，恢復王政。

查理二世（Charles II）在父親被處死刑後，流亡到了法國，克倫威爾死後，他重新踏上了故國的土地。他這次回來，受到了人民的熱烈歡迎，到處都擺滿了鮮花，街上還搭起他的頭像，人民興高采烈，載歌載舞。

查理二世繼位後，第一件事便是召開國會，並保持與國會的步伐一致，這樣一旦發現臣下所做的事情有不合乎民意的，可以立即更換。英國人民所希望的和平年代終於到來了。

牛頓也就在這個時候，回到了格蘭瑟姆鎮的藥鋪，回到了那個曾給他許多美好回憶的房間。這時克拉克夫人已經去世，克拉克先生又另外娶了一位太太，他們對待牛頓還是那樣和藹可親。

牛頓走後，他的房間沒有人住過。他推開門後，不禁大吃一驚，裡面的擺設竟然沒有任何的改變，和他走時一模一樣，只是桌椅比以前整潔了許多，肯定有人打掃過。那會是誰呢？牛頓在思索著，突然聽到身後一聲尖叫：「牛頓，你回來了！」

牛頓被突如其來的一叫嚇了一跳，回過頭來，臉上露出了笑容。

「斯托勒！是你嗎？我回來了！」

牛頓面前站著一個溫柔、淑女般的少女，牛頓第一次來克拉克家時，就和斯托勒建立了深厚的友誼。「斯托勒，真不好意思，給你添麻煩了。」

「嗯！沒關係，請坐！」牛頓立刻搬來一張椅子坐下，問她

純真無瑕的感情

還有什麼需要幫忙的。斯托勒慢吞吞地說：「你上次做的那張椅子，現在有點小問題，有隻腳總是在搖動，總感覺椅子不能平衡。能不能幫我修一下？」

「好啊！沒問題！你趕快拿過來吧，我很快就幫你修好。」斯托勒立刻跑到走廊上把椅子搬了進來。「哦！原來你是早有預謀了。」

「是啊！我想你不會拒絕的，所以我事先準備好了。」斯托勒不好意思地說著。還沒等斯托勒說完，牛頓就拿起了鐵錘，「叮叮噹噹」敲打起來，一下子椅子就修好了。

牛頓走後，斯托勒想盡了各種辦法，來打聽牛頓的消息。她每天都會到那個小房間裡，擺弄這個，玩玩那個，回憶他們在一起的快樂時光。

此時，牛頓已經回到了斯托勒身邊，她反而激動得說不出話來，她含情脈脈地瞧著牛頓的臉，不禁流下了兩行熱淚。「牛頓，你好嗎？」說完，她的臉紅彤彤的，害羞地低下了頭。「好，我很好呀！你呢？」牛頓似乎也感覺到了什麼，話語有些結結巴巴。牛頓是非常喜歡斯托勒的，每當他拿著書看，感覺到很累時，就會做一些椅子、盤子或放布娃娃的架子送給她。

斯托勒也喜歡牛頓，沒有什麼家事可做時，她就會跑到牛頓的房間去，和他聊天，和他一起製作玩具。有時兩個人常常聊大半天。如果斯托勒一天不來，沒有人陪自己聊天，牛頓便會感到有些寂寞。

在一次上課的時候，牛頓因為想到了斯托勒的身影，不覺出了神，因此，受到了同學的嘲笑。

這樣，牛頓和斯托勒就墜入了愛河。

這次的愛情是牛頓一生中的第一次，也是最後一次，似乎他們還私下訂了婚約。但是現實是無情的，這種深厚友誼和少年愛情沒有持續下去。

本來就覺得不可或缺的東西在失去後又重新擁有時，就覺得更加珍貴。回到課堂和自己心愛的書屋，牛頓如飢似渴地汲取著書上的營養，他的學習態度近乎瘋狂。

這時他的學識早已超過了班上的同齡人，從古典詩歌到天文、地理，無不涉及。

克拉克家的藏書已經不能滿足他的求知慾望，於是斯托克先生的藏書館成了他的又一塊肥沃的土壤，在這裡的幾百部圖書上都曾留下牛頓讀過的標記。

在牛頓的中學生活即將結束的時候，有一件事令牛頓激動不已。牛頓的母親漢娜把她以前收藏的圖書都給搬到了他的小臥室。這些圖書牛頓在一生的求知路上都收藏著，給了牛頓非同尋常的動力。

牛頓的中學時代即將結束了，在他還整日學習、研讀時，他的恩師斯托克和舅舅艾斯考夫便已為他的前途做好了準備。這兩個引領牛頓走上科學之旅的人，決定要讓這個可塑之才上英國最好的大學。他們相信，只有最好的劍橋大學三一學院才能給牛頓這個不可多得的科學才子一個真正的學習空間。

艾斯考夫曾是劍橋大學三一學院的畢業生，在那裡有他熟識的朋友數學家巴羅（Isaac Barrow），艾斯考夫相信牛頓如果師從巴羅定會有所成就。

純真無瑕的感情

　　斯托克也透過自己的朋友為牛頓爭取去三一學院學習的機會。經過斯托克的推薦，劍橋大學三一學院經過評審接受了牛頓，並給了他減費生的特殊待遇。

上學路上偶遇紳士

　　牛頓在舅舅和校長的極力推薦下，來到倫敦劍橋大學，從此，他便開始了四年的大學生活。那個時候還沒有先進的交通工具，只有行動緩慢的馬車。可是，在牛頓的家鄉，馬車也很少有，所以，他只有靠步行去大學報到。

　　牛頓快樂地走著，這個平時沉默寡言的小夥子，現在表現得異常興奮，時不時欣賞一下周圍的風景。走累了就歇一下，然後再走。

　　就這樣一直走到倫敦的近郊，這時他感覺實在是走不動了，就坐在路邊的一塊石頭上休息。剛剛休息片刻，抬頭看看天，天空中不知什麼時候飄來一大片烏雲，緊接著颳起了大風。天肯定要下雨了，可是路上一個人也沒有，這可怎麼辦，牛頓非常著急，不住地走來走去，渴望找到一個避雨的地方。

　　就在牛頓焦急如焚的時候，他聽到從遠處傳來「嗒嗒」的馬車聲。牛頓臉上露出了一絲笑容，迅速站起來，向遠處駛來的馬車用力地揮手。原來這輛馬車也正是駛往倫敦的。

　　「你好！我可以順便搭一下車嗎？」牛頓急促地問車伕。「這是不行的，車裡已經坐了兩個人，現在都已經滿了！」車伕搖著頭說。

　　「既然這樣，那好吧，謝謝！」牛頓感到很失望。

　　「讓他上來吧！」這時車裡的一個男人說。車伕打開門，讓牛頓上了馬車。

牛頓上車後發現車上確實有兩位乘客：一位是穿著華麗的紳士，另一位是文弱的年輕女子。

他向那位紳士說道：「謝謝您！」

那位紳士也友好地把身子向前挪動了一點兒，給牛頓留一點地方，並回應了一句：「沒關係，您請坐。」

牛頓還想說些什麼，但張了張嘴，終於沒有說出來。他身上穿著一件舊衣服，手裡提的是舊皮箱，這個皮箱還是舅舅當年上大學時用過的。牛頓的全部家當都在這裡面了。

牛頓在馬車的角落裡坐著，時不時朝窗外看，外面還下著大雨。他又看了看紳士的高帽，感覺紳士很有氣質，風度更是令人讚嘆不已。

隨後，馬車裡的三個乘客都不說話了，馬車就這樣飛馳著向倫敦市區駛去。

就在飛快奔馳的途中，「噹」的一聲，馬車被什麼東西擋了一下，使得馬車左右搖晃起來，這時紳士的手杖也掉落在了地上，絲質的高帽向空中飛去，牛頓眼疾手快地伸手抓住了帽子，遞給了紳士。

「謝謝，非常感謝。」紳士點頭向牛頓表示感謝，並把頭轉向牛頓，問：「你到倫敦是去上大學嗎？」

牛頓回答：「是的。」紳士又問：「是劍橋大學嗎？」

牛頓感到非常的驚異。「對，我是去劍橋的，您怎麼會知道呢？」

紳士笑了笑說：「我是根據感覺來判斷的！」

這是牛頓第一次搭乘馬車，也是第一次和陌生人說話，因而牛頓感到很不自在，即使他有很多話要說出來，可是沒有勇氣說出口，只好回應了一聲：「哦！」

　　紳士繼續問道：「那麼，你到哪個學院學習呢？」

　　牛頓回答說：「三一學院。」

　　「三一學院的教授是一流的，他們個個都非常優秀。」紳士的話讓牛頓很感興趣。牛頓目不轉睛地看著紳士，等他講述一些關於大學的事情。

　　那位紳士接著說：「大學與中學有著很大的區別，它不是中學的延伸和繼續。大學原本就是學生組成的一個團體，那些想讀書做研究的人，不管是年輕的還是年老的，都可以任意組成團體，聘請名師來講授知識。這就是大學的起源，一定要牢記這種精神。」

　　牛頓和紳士的談話很投機，好像有說不完的話。可就在這個時候，坐在牛頓對面的那位女士，總是把身子向前傾。

　　「哦，不好意思，讓你受委屈了！那好，請你坐這邊來吧！」紳士站起身來，把自己的位子讓給女士，他自己坐在靠窗的位置上。

　　牛頓覺得挺奇怪的，不明白這是怎麼回事。當紳士拉了拉衣角時，牛頓這才明白過來。原來，女士的位置剛好靠著窗子，外面的冷風夾著雨點吹進來，使她感覺有點涼，有點受不了，就不斷地把身子往前傾。牛頓被紳士的這個舉動深深打動了。

　　馬車到了劍橋，牛頓和紳士都下了車。牛頓看看周圍的一

切，一聲不吭地跟在紳士後面。當他們走到一個十字路口時，紳士指了指前面的道路，並告訴牛頓這就是去三一學院的路，說完後他就消失在繁華的街道中了。

牛頓站在那裡很長時間都沒有動，他被紳士的高雅氣質深深吸引住了，很想再和他聊上幾句。於是，他下定決心，一定要用功讀書，將來也要成為這樣的紳士。

這是牛頓終生難忘的一天，馬車上的這位紳士給了牛頓精神上的鼓舞，也給了牛頓開始新生活的巨大力量。

喜歡思索的自費生

在當時，英國的綜合性大學都是由多個學院組成的，劍橋大學在牛頓入校時增加到了 16 個學院。每一所學院的創始人和學院的教學目的，及管理方法都不是相同的，它們分別為獨立的學院。牛頓入學的三一學院，是聖父、聖子、聖靈三位一體的意思。

三一學院因為宗教色彩比較濃厚，再加上統治者的驕傲專橫和愚蠢至極，英國教育界的學術氛圍幾乎沒有受到哥白尼等人開創的科學革命的影響，亞里斯多德仍然像神一樣受到膜拜，古代史、古文、邏輯和語法成為學校的支柱性學科。

在內戰期間，王黨與共和黨經常因學校的教育問題吵個不停，有一批崇尚科學的教師被王黨趕了出來。後來，在克倫威爾的掌權下，對劍橋大學進行了改革，所有保守沒有新思想的教師都被逐出校門，一時間，科學活動盛行，那些崇尚科學的名人志士便向劍橋靠攏。

三一學院是劍橋大學中規模最大、名聲最響亮、財力最雄厚的學院之一，擁有全劍橋大學中最優美的建築與庭院。它是由英國國王亨利八世（Henry　VIII）於西元 1546 年修建的，其前身是西元 1324 年建立的麥可學院以及西元 1317 年建立的國王學堂。學院中依然保留著最古老的建築，可一直追溯到中世紀時期國王學堂所使用的學院鐘樓。三一學院的教堂是由亨利七世

喜歡思索的自費生

（Henry VII）的女兒瑪麗・都鐸（Mary Tudor）於西元 1554 年修建的，雖然整個教堂的內部裝潢要到 18 世紀才能全部完成。

倫敦的繁華有些令牛頓應接不暇，車水馬龍的街道更令他感覺有些不適，他感覺有些茫然，城市的喧鬧不免使他留戀起家鄉小鎮的清幽。

清幽的小鎮裡確有不少值得留戀的記憶，那裡有克拉克夫婦、斯托克校長，還有舅舅、母親，更有他生活了五六年的克拉克先生家閣樓上自己的安樂窩，在屋中有自己的各式工具，多年積攢的手工作品，還有自己閒來無事創作的只有自己欣賞的繪畫傑作，好像走時牆上的作品還沒收起來呢。

牛頓提著他的舊皮箱，站在劍橋大學的門口。

三一學院的大門是西元 1518 —— 1535 年建造的，顯得雄偉壯觀，令人肅然起敬。站在門前，牛頓下意識地覺得自己要開始一種全新的生活，頓時有些緊張起來，一陣涼颼颼的感覺從脊背直透腳尖，不知未來的生活會是怎樣的。

牛頓來到劍橋大學的第一天，就被這裡獨特的氣息所傾倒。

校園中繁花遍地，綠草如茵，各種風格的古老建築隱沒於綠蔭之間。石階路旁綠樹柳蔭，不遠處幽靜的湖面上有幾隻戲水的白天鵝。一貫喜歡觀察的牛頓被這美景深深地吸引了，呆呆地望了好一陣。

在那草地中央有一個很大的噴水池，水柱噴得很高，在陽光的照射下顯得非常明亮，有時還閃著亮光。草地上有許多學生在看書、聊天。

學校的校舍，給人一種古典、幽雅的感覺。校舍是用茶色磚

建成的，在屋頂上，還有許多高低不同的小塔。

　　牛頓沿著鋪滿碎石子的小路，四處觀賞校園的美景，不知什麼時候來到了一座禮拜堂的門口，門前還塑有許多雕像，每座雕像的下方都有塊牌子，上面有一些文字介紹。牛頓看了上面的文字，才明白凡是從這所大學畢業後，在社會上有偉大貢獻的校友，學校就會為他塑造一座大理石像，作為紀念。

　　牛頓望著那些雕像出了神，不知不覺，責任感和榮譽感湧上心頭。他暗下決心，自己也要成為有出息的人！

　　牛頓是以自費減費生的身分進入三一學院的。所謂「自費減費生」就是靠做一些服務工作，得到一些費用後，依靠這些費用來維持生計的學生，服務對象有研究員，也有與研究員同桌吃飯的大學生和自費生。

　　「校助減費生」和「自費減費生」是劍橋大學司空見慣的專用詞，在牛津大學而被稱為「工讀生」，這使得學生的地位非常明了。三一學院的章程規定：他們是減費生中比較困難的學生，在對他們進行規定時主要依靠基督教徒資助窮人的要求。章程規定同時還可以招 13 名校助減費生，其中 3 名主要為院長服務，另外 10 名為研究員服務。

　　章程還規定：自費減費生與校助減費生錄取方法是相同的，所遵守的規矩也是一樣的，但他們要付費聽課，伙食也是自理。也就是說，自費減費生和校助減費生同樣要為別人服務，但是如果沒有校方的資助，是為研究員服務，還是為與研究員同桌吃飯的大學生和自費生服務，完全由別人來決定。兩種減費生的地位其實是相同的，都在劍橋的底層，這是英國社會差別的體現。

喜歡思索的自費生

　　牛頓是如何成為減費生的呢？原來他母親是不同意讓他繼續念書的，後來學校給他免去了40先令的學費，這才送他回學校。現在雖然他母親能夠供他上大學，但又捨不得出錢。雖然她的年收入也許超過了600英鎊，但牛頓每年只收到10英鎊的生活費。

　　大學四年裡，牛頓只交了一個朋友，名叫約翰‧威金斯。威金斯是西元1663年1月進入三一學院的，他的性格和牛頓十分相像，並且也有偉大的抱負。

　　一開始，他們兩個被分別安排到和其他富家子弟共處的寢室，每個寢室住三四個人。這些富家子弟大多數是不太看書的，他們到這裡來完全是為了拿文憑，尋找步入上流社會的踏腳石。

　　因為寢室裡經常是摸牌賭博、酗酒吵嚷，毫無學習氛圍，於是，威金斯和牛頓商量了一個辦法，兩個人向校方提出調換寢室申請，結果學校把愛吵鬧的學生調開，讓他們在一塊兒。

　　牛頓和威金斯同窗共讀了四年。在這裡，他就只有這麼一個好朋友，他和少年時代一樣，還是特別喜歡獨來獨往。

　　除威金斯外，牛頓與其他同學沒有建立起任何友誼，即使他與其他同學共同在三一學院生活到西元1696年，就連他與威金斯的關係也不是特別密切。

　　因此，在牛頓成為英格蘭最有名的哲學家時，沒有一個同學留下有關牛頓的學術研究或者生活方面的片言隻語。

　　威金斯也是個自費生。三一學院並不像其他學院一樣把減費生區分開，院方也不給他們規定獨特的校服，因此，減費生與自費生同室居住也有可能。

　　這種情況下，牛頓也許會在其他減費生中尋找到很好的朋

友。一般來說，這些學生都比較嚴謹。即使進入劍橋的自費生中只有三分之一繼續讀學位，可減費生五個之中大約就有四個開始攻學士學位。

從整體上來看，他們這個群體顯得單調乏味，觀點狹隘務實，這些下層青年都希望得到基督式的寵愛，以此來作為進步的階梯。

牛頓 18 歲時進入三一學院，要比平均年齡大一兩歲，這也是使牛頓與同學隔離的一個因素。

像牛頓這樣的天才，無論在什麼樣的社會及任何年齡的人群中，都不是那麼容易找到朋友的。格蘭瑟姆那位沉默冷靜、喜歡思索的少年牛頓，成了劍橋大學的孤獨者。

幸運結識巴羅教授

到了劍橋三一學院後，牛頓在學習方面感受到了壓力，他感到自己與來自全國各地的其他優秀青年相比有著很大的差距，並且是他在一段時間裡都無法彌補上的差距。

進入三一學院後，牛頓選修了數學系。在數學方面，牛頓與其他人相比差距更大。他在中學時學習的課程主要是拉丁文語法，關於數學講得少之又少，雖然他自己曾經看過一些有關數學的文章，但由於不系統，在腦中並沒有成型的系統的概念性的東西。

牛頓進入三一學院後，與其他的所有大學生一樣，一位叫班傑明·普林的名不見經傳的希臘語教師，成了他的指導老師和代理家長。普林在數學方面最多只能給牛頓一些鼓勵，就算有些幫助也是微乎其微的。

沒有任何記載說明牛頓在數學方面接受過其他人的指導，因此，就像牛頓自學其他許多知識一樣，他也自學了數學。

牛頓自小便有超強的自學能力，他在中學階段曾經有一段時光非常厭惡上學，因為他覺得上學有些浪費時間，有些時候還學不到想學的東西，老師手中的教鞭讓他一見就感到心寒，因而他把學習的重點放到了在家中的自學。也許就是這段經歷，使他發現了自己的特長，並且自信自己能夠透過自學來完成預定的學習內容。

牛頓並沒有脫離興趣去研究數學，他是按照自己喜歡的方式循序漸進地不斷進取的。據法國數學家，牛頓未來社交圈中的一員亞伯拉罕・德・莫伊維說，當牛頓剛進入三一學院不久，他去科特布里奇市場，出於好奇買了一本占星術的書，他讀到解釋天體的部分。由於缺少三角學的知識，他又買了一本三角學方面的書，但他不能完全讀懂其中的內容。這樣他不得不找到古代幾何學家歐幾里得的作品，但又覺得太簡單了，不過他很快就明白了自己低估了歐幾里得的證明，於是又看了第二遍。

　　據說牛頓後來又看了威廉・奧特雷德（William Oughtred）的論文《數學精義》和笛卡爾（Renatus Cartesius）富有啟發性的解析幾何著作《方法談》。牛頓發現這些著作非常難懂，必須逐步掌握，並反覆把這些著作看了多遍，形成了自己的數學理論體系。在入學三年後，牛頓的數學理論已經達到了很高深的程度，而且是任何同時入校的學生所無法企及的。

　　勤奮好學出了名的牛頓，除自學了數學知識外，也同樣沉浸在古典文學的海洋裡。柏拉圖（Plato）和亞里斯多德的著作都是他閱讀的對象，他還曾研究過修辭學、倫理學、邏輯學、歷史學等許多學科。

　　現在在紀念牛頓的歷史紀念館中，還留著牛頓關於這些閱讀的讀書筆記，在筆記本的封皮上清晰地寫著：「艾薩克・牛頓，三一學院，劍橋，西元 1661 年」。

　　來到劍橋大學三一學院有一段時日的牛頓，每週在固定的時間內去拜訪巴羅教授。在途中，牛頓想起了剛來劍橋時初遇巴羅

教授時的尷尬情景。

那是牛頓到劍橋的第一天，手中拿著舅舅艾斯考夫寫給巴羅的信籤，他剛走進劍橋三一學院的院門，迎面撞上一位身材魁梧的紅袍紳士。牛頓吃了一驚，不知如何是好。

「你是新生？」紅袍紳士問，其實他就是巴羅教授。

牛頓拘謹地回答：「是的。」

「是艾薩克‧牛頓先生嗎？」

「是的⋯⋯」

巴羅教授溫和地笑著，大方地伸出手：「真巧，我是艾薩克‧巴羅。」

「啊，您好。」牛頓帶著滿口鄉音回答道，接著把手中的信遞給了巴羅教授。

「我已接到了艾斯考夫的信，在信中他已詳細地介紹了你，否則我不會認出你。」

這是牛頓與巴羅教授的初次相遇，這時的巴羅還是一名三一學院的學者，牛頓因為是初次見到學者，所以感到有種壓迫感，很拘束。

巴羅，這個不同尋常的學者曾走遍了地中海和中東地區，曾在肉搏戰中打敗了一個「饒舌的土耳其人」，還曾勇敢地擊退了襲擊他們船隻的馬耳他海盜。

巴羅不僅是個訓練有素、氣質獨特的傳教士，還是一個對光學、解析幾何、物理機械都感興趣的科學家。特別是在數學方面，巴羅是個優秀的數學家，是研究歐幾里得幾何學的一流學

者，以創立在曲線上作切線的方法而著名。

巴羅三十幾歲時成為三一學院的盧卡斯講座數學教授，他的到來，為三一學院帶來了新鮮的空氣。他不因循守舊，也不拘泥於古典傳統，鼓勵學生向多樣化發展，應該從亞里斯多德學說的束縛下解脫出來。

巴羅對於最新數學成就的理解無疑有助於三一學院的學生們加強對數學的理解，其中牛頓也是在聽了巴羅教授的講座後才引發了對數學的興趣。

牛頓來到三一學院已有三年了，他的學習精神和知識水準漸漸引起了周圍人的注意，班傑明‧普林也多次向巴羅推薦牛頓。巴羅想透過今天的談話，深入了解他的故交的親戚。

「隨便坐，別拘束。」巴羅說：「你對學習有什麼進一步的要求？」

「我想在研究數學的同時學習有關力和運動方面的東西。」牛頓試探著說。

「那就困難了。數學倒是沒問題，但力和運動卻沒人講授，當然你可以自己研究。」巴羅在鼓勵他。

牛頓並不感到沒人指導是件可怕的事，因為小學也好，中學也好，大學也好，他所掌握的知識更多的是透過自學得來的。

「你對亞里斯多德、哥白尼、伽利略是如何認識的？」巴羅接著問道。

牛頓把近幾年來自己在求知的過程中，建立起來的哲學觀對巴羅一一道來，說話的時候，他自己感覺情緒有些激動。牛頓相

信即便是名人的見解，也不一定都是真理，只有事實才是最好的證據。

接著巴羅又給牛頓講起了古典學派。原來，古典學派是羅馬教廷所支持的一個思想學派，教廷為了維護自己的教權，大力推行和維護古典學派的權威。該學派的學者們認為，哲學上的真理都已被亞里斯多德和柏拉圖所掌握，而神學上的真理都被《聖經》和奧古斯丁（Saint Augustine）所掌握。所以，要想學到更多的真理，只要去讀這些聖賢書就可以了。

巴羅教授又說道：「伽利略研究天體運行得出結論，地球不是靜止的，而是不斷運動的。因為這種結論違背了教廷的說法，便受到了教廷的審判。但是他的重視觀察和實驗驗證的研究方法，卻是比結論更加重要的。這一點非常重要，你要牢記在心。」

牛頓被巴羅的話深深打動，他下定決心要學好各個學科。

巴羅看到牛頓與常人不同，有自己的獨到見解，便喜歡上了這個求知上進的年輕人。

從此，牛頓和巴羅兩人開始了持續一生的交往經歷。牛頓從巴羅身上看到了一種目標，他認為自己就應該做像巴羅一樣的人。巴羅也為結識這位前途不可估量的年輕人而感到高興，他充分感受到了牛頓的才華，相信他一定能做出不可限量的成就。

在以後的幾十年中，巴羅成了牛頓的良師益友，在精神上給了牛頓巨大的支持。

勤奮思索大膽實驗

　　牛頓在劍橋大學所用的筆記本，是他入學後最早買的，正是這個筆記本，讓他記錄下了自己的讀書體會，這個筆記本充分體現了他勤奮思索、大膽實驗的治學風格。

　　牛頓在劍橋買得最早的兩本書是霍爾的《編年史》與斯雷登的《四王朝》。雖然在牛頓的筆記中沒有留下什麼讀書心得，但是編年法卻留了下來，並一直沿用著，這與他研究預言有著密切的關係，看來他對這點是比較感興趣的。

　　根據牛頓在臨終前的一次談話來看，也就是在西元 1663 年的時候，他考察過天罡占星術，但是時間不是很長，因為占星術沒有列入課程中。

　　語言學和哲學是當時比較流行的學科，也是當時知識界比較感興趣的課程，生動形象，非常有活力。雖然這兩門學科與所學課程不相融合，牛頓還是頗有興致地學習了這兩門課程。

　　他在本科學習期間，曾接觸過這些文獻，對語言學有了興趣。但是這些興趣沒有堅持多久，便被哲學的興趣給占據了，從此以後，他就沒有研究過語言學。

　　他在記錄學習心得時，是從筆記本的兩端開始的，而中間大部分都是空白的。有兩頁記錄著笛卡爾的形而上學，這兩頁使他正閱讀的亞里斯多德哲學突然停止了。

　　隨後的幾頁成了「哲學問題表」，還寫上了小標題，準備記

錄新閱讀材料。再後面，他在標題「柏拉圖和亞里斯多德是最好的朋友」上方寫下一句口號。不論後面再寫什麼東西，不再有柏拉圖和亞里斯多德的任何觀點。

學習筆記中的「問題表」，從頭至尾都記錄著讀笛卡爾著作的心得，可以說牛頓把笛卡爾的著作完全吸收了，但是從來沒有對亞里斯多德這樣做過。

事實上，牛頓沒有完全沿著笛卡爾的思路走，他還讀過奧爾特・查爾敦的《英文概要》和皮埃・加爾蒂的譯本，也許還有其他的原著。他讀過托馬斯・霍布斯（Thomas Hobbes）、亨利・莫爾、約瑟夫・葛蘭威爾、羅伯特・波以耳（Robert Boyle）、凱納耳姆・第戈比等人的著作。

劍橋大學的學習和把牛頓引向新哲學沒有多大關係。當時笛卡爾已是大名鼎鼎，也不需要導師再提出任何建議。應用笛卡爾的學說那是確定了的，尤其是劍橋大學的那些活躍分子。牛頓對笛卡爾也很嚮往，並下定決心來研究他。

除了笛卡爾之外，牛頓已經由一位作者引到了另一位作者，直至達到全新的思想天地。牛頓最終發現了自己在劍橋應該追尋的東西，並且將它們據為己有。這也正是劍橋的寬鬆環境所帶給他的方便，也由於他的導師沒有對他進行任何干擾，牛頓才得以毫無妨礙地追逐自己的興趣。

在學習筆記中，牛頓定下許多小標題，以此來記錄自己的讀書心得。小標題從物質特性、地點、時間和運動等一般題目開始，到宇宙的秩序，接著是大量的感官特徵如稀度、流度、軟

度，隨後是關於劇烈運動、隱祕特徵、光、色、視覺、一般感覺等問題，最後結束時的各種問題，有些在最初的目錄中並沒有出現。

不過，有的標題下面什麼也沒寫，而其他的標題下面寫得比較多，那一頁寫不完，就另找地方續寫。說明問題表合理地表達出牛頓不斷探索的精神。

牛頓這種探索的產物之一就是對永恆運動發生了興趣。機械哲學所描繪的世界處於不斷的流動之中。牛頓想到了各種設備如成型的風車與水車，以此來開發不可見物質的流動。

例如，他認為重力就是由一種不可捉摸的，不可見物質下降而引起的，它作用於所有物體，使它們下落。「凡重力射線可透過反射或折射而制止的，就可透過這兩種方法之一得到永恆運動。」他還畫出了能使不可見物質流旋轉設備的草圖，在「磁學」的標題下，他也畫出了模擬設備。

牛頓的推論，從整體上反映出了他的功績，這也預示了他在科學生涯當中，將專注的課題以及他著手研討的這些課題的方法。他列出了一組標題而且表達了它們的內容，這是牛頓的實驗探詢法的基礎。

在「天上的物質與天體」這一標題下，牛頓增加了幾個問題。他指出：「依據笛卡爾的理論，日食、月食是不可能發生的，因為堅實的物體和天上的流體物質，都可以在漩渦中傳遞壓力。在這些段落中，每一條意見都表示一個實驗，一個對一種臨界現象的觀察。如果這種理論成立的話，那麼這種現象就會出現的。」

勤奮思索大膽實驗

在波以耳的著作當中，牛頓發現了試驗這種理論的一個建議：將潮汐與氣壓計的讀數連結在一起，就會得出同樣的壓力。

牛頓對光和視覺也產生了濃厚的興趣，在做這方面的實驗時，不需要任何設備，只需兩隻眼睛。當他全神投入進去時，從來不考慮任何後果。

在做一個幻覺實驗時，他用一隻眼睛長時間看太陽，直到眼睛看到的所有白色物體變成紅色，黑色物體成了藍色為止。「我眼中的精靈好像被五彩斑斕的陽光迷住了。」物體慢慢恢復正常時，他就閉上眼睛，「增強自己看到太陽的幻覺」。

這時，他眼前就會出現各種各樣的斑點，且顏色不一，他再次睜開眼後，白色的物體又變成紅色，黑色的物體又變成藍色，這就好像他一直在看著太陽，沒有離開過似的。他得出結論：他的幻覺能像太陽一樣充分激勵其光感神經。

牛頓這樣做實驗，差不多要把他的雙眼都給毀了，他只好停下來，接連下來的幾天都待在黑暗環境中，這才使色彩的幻覺消失。從那以後，牛頓不再把精力放在太陽上了，但是從來沒有讓自己的眼睛停下來。

過了一年後，他在研究顏色的理論時，拿出了一把錐子，並放在眼睛與下眼眶之間，慢慢壓近眼睛的底部，以此來改變視網膜的曲率，邊壓邊觀察出現的各種色圈。為了抓住機會去發現未知的東西，牛頓是從來不考慮後果的。

廢寢忘食地學習

　　初來劍橋大學三一學院的牛頓是一名減費生，因此，他為比他小一到兩歲的同學們準備過用餐，打掃過學院的庭院，清潔過廁所、教室，做過所有減費生需要做的事。

　　和其他學生比較起來，牛頓雖然有些辛苦，但他完全沒放在心上，他更關心的是自己是否有機會獲得更多的時間來學習。

　　牛頓認真求學的態度感動了院長，在院長的幫助下他獲得了「僕役生」的資格。

　　僕役生也是同樣需要透過勞動，來換取減免學費和免費就餐的資格的。

　　牛頓要給一名教授做僕人，但幸運的是他的導師每年只有五週的時間住在劍橋的寓所中。這樣牛頓便有更多的時間供自己自由支配，他可以把更多的精力用於學習上了。

　　時間是寶貴的，他在通往科學聖殿的旅途上躬身前行，把生命的火焰燃燒到了極限。他不願浪費掉一絲的光陰，就連一秒的分神都令他心痛。

　　在同學們郊遊、打撲克牌、下棋、唱歌、去酒館時，牛頓把自己能支配的所有時間都用在了學習上。

　　時間對於牛頓來說是那麼的寶貴。他每天需要做什麼，都安排得很緊湊，不留一點空餘時間。即便是這樣，牛頓還是感覺時間不夠用，他真希望能有更多的時間用於學習。

廢寢忘食地學習

西元 1664 年，牛頓終於獲得了摘掉僕役生帽子的機會。

只要牛頓通過規定的學術考試，他就可以成為劍橋大學的一名學者了。牛頓當然沒有錯過這樣好的機會，他如願通過了學術考試，按規定成了一名學者。

這樣一來，他不僅可以在學院裡享受免費的飯食，而且還會有固定的薪水，不用再過減費生、僕役生的生活，可以自由自在地學習了。

三一學院的研究基金是只給那些享受學院獎學金的人的，全校只有 21 個優勝者獎學金名額。

按照學校規定，享受學院獎學金的人每人的年津貼大約是 4 英鎊。

學校沒有明確說明選擇標準，雖然說需要是決定的因素，但很難設想完全不考慮學術上的發展前途。

三一學院的每個方面都對牛頓獲得獎學金有影響。

當時整個大學實行的是贊助人制度，主要是靠影響力和各種關係，吃虧的就是那些沒有任何地位及贊助人的學生，尤其是減費生。

那些享受特權的學生又成了牛頓獲得獎學金的一大障礙。他們年復一年，很容易地拿走三分之一的獎學金名額，這樣，他們當時的地位也最高。

整整一個世紀，三一學院的研究員有一大半都是來自特權學派。

西元 1664 年選出的獎學金獲得者人數比以往多很多，這對牛頓來說是極為不利的，這也是牛頓學生生涯中唯一的一次。

如果牛頓沒被選上，在劍橋占永久位置的一切希望都將會毀於一旦。

　　為此，牛頓開始重讀逍遙學派的《物理學》。他利用所有的空閒時間，勤奮耕耘了另外兩章。他感覺這些還遠遠不夠，又開始閱讀福西厄斯的《修辭學》和關於倫理學的著作。

　　從西元 1661 年進入劍橋大學三一學院起，一直到西元 1664 年，牛頓在這裡度過了四年的難忘時光。

　　在這四年的時光中，牛頓的學識有了很大的進步，他由對科學的懵懂，逐漸站到了他那個時代的前列，雖有不足，但非一般人可比。

　　只要通過最後一次考試，他就能如願拿到學士學位，他和幾百位學士學位的候選人，參加了有幾百年歷史的學位考試。這是他拿到學位之前的最後一次障礙。

　　終於，牛頓在西元 1665 年春天如願拿到了學位證書。

　　雖然牛頓不是全才，但牛頓在除文法外的其他科學領域都是很出色的。

　　在讀書期間，他透過自己的不懈努力，取得了不少後世公認的一些發現，有些就是在完全封閉的狀態中獨立思考完成的。

　　這些發現牛頓並未在當時立刻就公開，但從後人的眼光來看，在這麼年輕的時候就取得了這麼大的成績，如果它們不是發生在牛頓身上，這是不可想像的。

　　牛頓的才學博得了年輕的客座教授巴羅的認同，透過幾年的學習交往，牛頓和巴羅已成為感情至深的好朋友。

　　巴羅決心把牛頓引向自然科學的更高峰，他決心讓牛頓成為

自己的助手，成為一名研究員。

巴羅是那個時代有影響力的數學家，能做他的助手不是很容易的事情，許多人都想謀得這個職位，這對於剛畢業的年輕人來說不僅僅是無上的榮譽，更難得的是，牛頓以研究員身分工作可以拓寬其研究的領域。

牛頓當選之後，就不再是減費生了，他可以享用學院提供的伙食，每年也會獲得車馬費和同等數額的薪水。

更重要的一點是，他有了四年的保證，可以在無約束的情況下進行研究，直到西元 1668 年他取得了碩士學位。如果他能獲得研究員的位置，還有可能繼續下去。

障礙排除了，牛頓可以全身心地投入自己發現的研究領域了。他在小學時表現出對自己感興趣的事痴迷的程度，而在這個時期，則表現為成熟的智慧。這在他的筆記中，就隱含了那種猶豫已完全消失，取而代之的是男人那種專注的研究熱情。

當牛頓一旦想要攻克某一難題的時候，經常是忘記了吃飯。

他留在盤中的食物都把貓給養肥了，他的這種習慣使他的同代人感到非常吃驚。他經常忘記睡覺，第二天早上他為發現了某個新命題而心滿意足，至於沒睡覺的事他早已忘記了。

影響至深的師友

牛頓所在的三一學院，其教育制度還帶著濃厚的中世紀經院哲學的味道，傳授一些經院式的課程，如：語法、古文、邏輯、古代史、神學等。學院以培養「富有影響的精神貴族」而聞名於世。

但是，由於克倫威爾執政和查理二世的復辟，使得劍橋大學的日常教學活動受到了很大影響，曾一度「降到了教育歷史上的最低水準」。

牛頓的導師是班傑明·普林教授，舅舅在上大學時，普林教授曾是舅舅的好朋友。

普林教授從接觸到牛頓開始，就想把牛頓引上傳統的正道，而牛頓卻不甘心。

也就在這個時候，英國劍橋大學正處在清教的中心，這也是17世紀的知識分子動亂的中心。牛頓也受到了清教思想和倫理的影響。雖然他感到很孤獨，但是，當他埋頭於學習中時，便從中找到了樂趣，並且勇於創新思想，開創新方法，尋求新的科學之路。

普林教授與牛頓相處一段時間後，慢慢感覺到牛頓才華出眾，智慧過人，這些傳統的課程滿足不了他的要求。於是，普林教授也不再限制牛頓的新思路、新方法，而且對牛頓獨到的見解和想法更加鼓勵，這樣牛頓就可以放心地讀書學習了。

影響至深的師友

　　西元 1663 年，三一學院出現了新氣象，一個專門講授自然科學的盧卡斯講座在三一學院創辦了。這個講座主要講授自然科學知識，如：物理、地理、天文和數學課程。這是劍橋大學前所未有的，也是牛頓科學生涯中的一個轉折點。

　　盧卡斯講座由亨利·盧卡斯（Henry Lucas）創辦，他曾就讀於劍橋大學，還代表劍橋大學當選為國會議員，西元 1663 年因病去世。他在遺囑中聲明，在三一學院設立一個專門講授自然科學的數學教授職位，數學教授的薪水是僅低於學校校長的。

　　講座的第一任教授艾薩克·巴羅（Isaac Barrow）是個博學的科學家。

　　巴羅出生在倫敦，他從小就被稱為小神童，這一點牛頓是無法企及的。巴羅在 14 歲時，就已考入了劍橋大學的三一學院，那時他的學習成績是非常優秀的。而牛頓在 14 歲時，還輟學在家，幫媽媽做家事呢！

　　巴羅是一位很有才華的數學家，他是微積分的先驅，並在天文、物理、光學方面也有很高的造詣。

　　巴羅也是一位比較固執的王黨分子，當克倫威爾掌權後，他為了躲避克倫威爾的抓捕，就到處流浪。後來，查理二世恢復了政權，他又重新回到了劍橋大學。他有著豐富的知識，又先後擔任過哲學、希臘文、數學教授。在西元 1672 年，英王查理二世便任命他為劍橋大學三一學院的院長，還稱讚他是「全歐洲最優秀的學者」。

　　巴羅有一句名言：「一個愛書的人，他必定不至於缺少一個

忠實的朋友，一個良好的老師，一個可愛的伴侶，一個溫情的安慰者。」可以說，巴羅是把牛頓推向科學道路的良師益友。

西元 1664 年，牛頓的各科成績都非常優秀，巴羅教授決定授予他公費生的資格。這樣，牛頓看書學習的時間就比較充足了。

巴羅教授第一次見到牛頓後，就對他產生了好感。

巴羅教授主講盧卡斯講座以後，牛頓對他的才華更加佩服了，每次講課，牛頓都要去聽，從來不缺席。巴羅的講課風格比較自由，靈活多樣，又富於啟發性，這給牛頓留下了深刻的印象，他自從接觸到這些學科後，從來沒有產生過這樣的感覺，科學竟這麼有意思，有許多奧妙深藏其中，牛頓被深深地吸引了，決定要探索那些奧祕。

巴羅教授看出了牛頓具有深邃的觀察力、敏銳的理解力，於是將自己的數學知識，包括計算曲線圖形面積的方法，全部傳授給了牛頓。

在巴羅教授的指導下，牛頓開始閱讀大量的自然科學和哲學著作。首先閱讀的是伽利略的《恆星使節》和《兩大世界體系的對話》，接著閱讀克卜勒（Johannes Kepler）的《光學》，隨後閱讀的是笛卡爾的《哲學原理》、虎克（Robert Hooke）的《顯微圖集》，還有皇家學會的歷史和早期的哲學學報。

牛頓在數學上很大程度都是依靠自學。他學習了歐幾里得的《幾何原本》、笛卡爾的《幾何學》、沃利斯（John Wallis）的《無窮算術》、巴羅的《數學講義》及韋達（Franciscus Vieta）等許多數學家的著作。

影響至深的師友

其中，對牛頓具有決定性影響的要屬笛卡爾的《幾何學》和沃利斯的《無窮算術》，它們將牛頓迅速引導到當時數學最前沿的解析幾何與微積分。

牛頓不斷在知識的海洋裡尋找屬於自己的東西，並用心鑽研近代科學革命所帶來的科學發明與成果。

西元 1664 年，牛頓發現了新分析學和新自然哲學，這是他科學生涯的開始。

巴羅教授是個天才，然而，就人類歷史、科學史來講，他真正偉大之處在於發現了牛頓這個偉大的天才，並使這個天才得到了更好的發揮。

牛頓在巴羅門下的這段時間，是他學習的關鍵時期。漸漸地，牛頓和比他大 12 歲的巴羅教授建立了密切的關係，他們既是師生，又是好朋友。這讓牛頓感到很自豪，這是其他同學所沒有的。

牛頓在劍橋學的知識越來越多，逐漸成了一個博學多才的學者。當他在回憶這段經歷時說：「巴羅教授當時講授關於運動學的課程，也許正是這些課程激發了我去研究這方面的問題。」

他曾在一本題為《一些哲學問題》的筆記中寫道：「柏拉圖是我的好朋友，亞里斯多德也是我的好朋友，但我最好的朋友卻是真理。」

牛頓在大學時代就已經立志要尋求真理。這主要是受教於巴羅教授才取得這一切的，也正是盧卡斯講座改變了牛頓。

思念故鄉的親人

　　牛頓在大學的四年中，從沒有間斷與家人的聯繫，書信是他們唯一的聯繫方式。每到假期他都要回鄉下看看，與家人度過一段快樂的時光。

　　牛頓在外面求學，最讓他想念的就是外婆了。他自小就與外婆相依為命，使得童年生活增添了不少樂趣。當他決定來倫敦上大學時，外婆非常難過。

　　那個時候，外婆每天不停地做家務，到了晚上，就感覺腰酸背痛，剛開始還能挺過去，時間久了，身體就無法支撐下去了，最後落下了一身病。雖然外婆也希望牛頓去大城市讀書，學有所成，將來能有一番作為，可是心裡總捨不得，畢竟牛頓和自己共同生活了許多年，她總是說：

　　「這孩子命苦，一出生就沒有了父親，身體也比較弱，以後不能讓他再受委屈了！」

　　最後，她強忍著心痛讓牛頓離開了自己。

　　牛頓去倫敦的那天，外婆一大早就起床了，為牛頓準備路上吃的乾糧。她坐在飯桌邊看著牛頓津津有味地吃著她做的早點，微笑著說：

　　「我的好孫子，你去那麼遠的地方讀書，外婆真的捨不得呀！唉！」說著說著，外婆把牛頓摟在懷裡，傷心地哭了。

　　「乖孫，外婆也不知什麼時候能再見到你！」

思念故鄉的親人

牛頓也忍不住心痛地大哭起來，他伏在外婆懷裡，邊哭邊說：「外婆，您放心，我會經常給您寫信的。若是到了假期，我一定會回來看您的。」

就這樣，祖孫兩人哭了很長時間，在家人的勸說下，才平靜下來。

牛頓走時，外婆一直送他到村口，臨走時，外婆從懷裡掏出了一個小布包。打開後，牛頓發現裡面都是些零用錢。她捨不得花，全都給了牛頓，並語重心長地說：

「乖孫，這點錢你慢慢用吧。一定要好好學習，回來後給外婆匯報你的好消息！」

牛頓走後沒有多久，外婆就放心不下了，每天都惦記著孫子，想著孫子能夠回來看看自己。很快，牛頓來信了。她總是第一個拆開信，直到讀了兩三遍，才把信交給其他人。外婆有時為牛頓取得好成績而歡心喜悅，有時也為牛頓受到挫折而傷心落淚。

不知不覺中，這樣的生活過了四年。當牛頓又回到外婆身邊時，外婆高興得合不攏嘴，整整一天臉上都掛著笑容。

這時的她不再是體衰的人了，也感覺不到自己身體的不適了，兩袖往上一卷，親自到廚房，為牛頓做起了他最愛吃的菜，祖孫倆的親情，引來了全村人的羨慕。

牛頓和弟弟妹妹們相處得都很好，從來沒有和他們鬥過嘴，即使弟弟妹妹們有些頑皮，他也總是讓著他們。所以每次放假回來，弟弟妹妹們都高興得歡呼起來。然後，兄妹幾人圍坐在一起，他們有講不完的話，有玩不完的遊戲。

由於受到牛頓的影響，他們幾個都是那樣乖巧。班傑明更突出一些，他年紀最小，但他最有心計，他把牛頓留下來的工具都放在自己的小屋裡，每天也像牛頓一樣敲敲打打的，他說要像哥哥一樣，成為「大發明家」。

　　當牛頓回到家鄉時，弟弟妹妹們都跑著跳著到村口去接他，母親看到牛頓學者般的模樣也很欣慰。一個夏日的午後，顯得特別炎熱，大家都坐在大樹下乘涼，唯獨牛頓不顧炎熱，待在屋裡思考問題。

　　牛頓正專心思考時，卻被一隻飛來飛去的蒼蠅擾得心神不寧。這些討厭的傢伙也知道屋外待不得，於是三五成群地躲進屋子裡來乘涼。它們閒得無事可做，便你追我趕地玩起來。

　　這一下可把牛頓給惹火了，他憤怒地站起來，看準了蠅群便大手一揮，試圖捉住它們。就在他忙得不可開交又沒有收穫時，書房的門響了。「哥哥，我是哈娜，你在忙什麼呢？」是妹妹哈娜來了。此時的牛頓還是專心地盯著蒼蠅不放，他的眼裡也只有蒼蠅了。

　　付出總有回報，費了大半天工夫，總要捕到一隻蒼蠅的，最終，他在一本舊書上找到了一隻蒼蠅。牛頓看到勝利的果實，表現得異常興奮，就像是一個小頑童，歡快地跑到窗前。

　　牛頓見哈娜一臉的疑惑，忍不住笑了說：「沒事的，哈娜！對了，你來找我有什麼事嗎？」

　　哈娜被他這麼一問才記起來，她是來叫牛頓去客廳的，因為舅舅馬上就到了。一聽舅舅要來，牛頓高興得合不攏嘴，也顧不上別的，推門就要往外跑：「你怎麼不早說？」

　　哈娜很委屈地自言自語：「還怪我不說！自己在那裡莫名其妙地和蒼蠅說話，都不顧我了，我怎麼有機會跟你說！」

　　牛頓聽到妹妹這樣說，也覺得自己有錯，實在是對不起妹妹，趕快向妹妹道歉，然後，兄妹倆又都開心地笑了。

創立微積分理論

回到劍橋後，牛頓又開始了他的研究工作。牛頓的最大成就是在數學方面。早在西元 1664 年和 1665 年間冬天，牛頓就仔細閱讀研究了沃利斯博士的《無窮算術》，並在此基礎上創立了微積分理論。

笛卡爾的解析幾何把描述運動的函數關係，和幾何曲線相對應。牛頓在老師巴羅的指導下，在鑽研笛卡爾的解析幾何的基礎上，找到了新的出路。

可以把任意時刻的速度看成是，在微小的時間範圍裡的速度的平均值，這就是一個微小的路程和時間間隔的比值，當這個微小的時間間隔縮小到無窮小的時候，就是這一點的準確值。這就是微分的概念。

求微分相當於求時間和路程關係在某點的切線斜率。一個變速運動的物體在一定時間範圍裡走過的路程，可以看作是在微小時間間隔裡所走路程的和，這就是積分的概念。求積分相當於求時間和速度關係的曲線下的面積。牛頓從這些基本概念出發，建立了微積分。

微積分的創立是牛頓最卓越的數學成就。牛頓為解決運動問題，才創立這種和物理概念直接相關的數學理論的，牛頓稱之為「流數術」。它所處理的一些具體問題，有切線問題、求積問題、瞬時速度問題以及函數的極大值和極小值問題等。

創立微積分理論

在牛頓之前微積分已經得到了人們的研究，微分和積分的思想在古代就已經產生了。

西元前 3 世紀，古希臘的阿基米德（希臘語：Archimedes）在研究解決拋物弓形的面積、球和球冠面積、螺線下面積和旋轉雙曲體的體積的問題中，就隱含著近代積分學的思想。

作為微分學基礎的極限理論來說，早在古代已有比較清楚的論述。比如中國的莊周所著的《莊子》一書的〈天下篇〉中，記有「一尺之棰，日取其半，萬世不竭」。

三國時期的劉徽在他的割圓術中提到「割之彌細，所失彌小，割之又割，以至於不可割，則與圓周和體而無所失矣」。這些都是樸素的，也是很典型的極限概念。

到了 17 世紀，有許多科學問題需要解決，這些問題也就成了促使微積分產生的因素。歸結起來，大約有四種主要類型的問題：

第一類是研究運動的時候直接出現的，也就是求即時速度的問題。

第二類問題是求曲線的切線的問題。

第三類問題是求函數的最大值和最小值問題。

第四類問題是求曲線長、曲線圍成的面積、曲面圍成的體積、物體的重心、一個體積相當大的物體作用於另一物體上的引力。

17 世紀的許多著名的數學家、天文學家、物理學家都為解決上述幾類問題做了大量的研究工作，提出了許多很有建樹的理論，為微積分的創立做出了貢獻。

牛頓超越了前人，他站在了更高的角度，對以往分散的努力加以綜合，將自古希臘以來求解無限小問題的各種技巧統一為兩

類普通的算法，即微分和積分，並確立了這兩類運算的互逆關係，從而完成了微積分發明中最關鍵的一步，為近代科學發展提供了最有效的工具，開闢了數學上的一個新紀元。

應該說，一門科學的創立絕不是某一個人的功績，它必定是經過多少人的努力後，在累積了大量成果的基礎上，最後由某個人或幾個人總結完成的。微積分也是這樣，是牛頓在前人各自獨立的基礎上建立起來的。

後來，在西元 1707 年，牛頓的代數講義經整理後出版，定名為《普遍算術》，主要討論了代數基礎及其在解決各類問題中的應用。

書中陳述了代數基本概念與基本運算，用大量實例說明了如何將各類問題化為代數方程，同時對方程的根及其性質進行了深入探討，引出了方程論方面的豐碩成果。例如：他得出了方程的根與其判別式之間的關係，指出可以利用方程係數確定方程根之冪的和數，即「牛頓恆等式」。

牛頓對解析幾何與綜合幾何都有貢獻。他在西元 1736 年出版的《解析幾何》中引入了曲率中心，給出密切線圓，或稱曲線圓概念，提出曲率公式及計算曲線的曲率方法。

他還將自己的許多研究成果總結成專論《三次曲線枚舉》，於西元 1704 年發表。此外，牛頓的數學工作還涉及數值分析、機率論和初等數論等眾多領域。

蘋果落地的啟示

　　從西元 1665 年 6 月一直到西元 1667 年年底，在這兩年半的時間裡，英國暴發了淋巴腺鼠疫，這種病被人稱為「黑死病」。瘟疫的蔓延打破了劍橋大學原來井然有序的生活，迫於無奈，西元 1665 年 10 月，劍橋大學的評議會投票決定關閉學校。

　　牛頓坐上驛馬車返鄉，在家鄉開始了平靜的生活。他在大量閱讀從劍橋帶回的各種書籍的同時，還把在劍橋時的許多研究工作做了整理，透過整理他把原有的凌亂的各種想法重新規劃，在頭腦中形成了系統，這其中就包括數學方面。

　　在大學期間牛頓就一直考慮一個數學問題：一個運動的物體不斷變化的速度，和由這種速度變化引起的物體路徑的不斷變化，這樣複雜的問題該如何解答呢？

　　其他的數學家也曾著手研究過這個棘手的問題，並取得了一定的進展，但他們也沒有提出一種，能應用於所有此類問題的通用解法。

　　雖然牛頓是個數學天才，但他絕不單純是數學家，研究數學也不是他的目的。牛頓的目的是要在先輩的成果之上更佳地研究自然奧祕，他是一個自然哲學家。

　　但是，牛頓比別的自然哲學家似乎看得更明白，如果沒有數學這個強大的工具，大自然奧祕之門的啟動是困難的。牛頓是把數學作為工具來研究和掌握的。

一天，牛頓看見自己的弟弟和妹妹在玩遊戲，他們用一條線拴住一個石子，用手抓住線的另一頭，搖動石子。

　　石子在他們周圍畫出一個又一個標準而美麗的圓圈，而那條線也成了筆直的一條線。

　　他好像受到了啟發，也像弟弟、妹妹一樣，用線拴著石子，轉著身體搖動著、搖動著，邊搖邊想：「石子圍繞著我旋轉是我透過線牽引的，而太陽給予行星、地球給予月亮的是什麼力呢？」

　　這樣想著的時候，突然有一刻他的思維凝住了，在他失神的一瞬間，線由他手中脫開，石子脫離了原來的路線，沿著直線的方向向前飛出了很遠。

　　牛頓嚇了一跳，從原來的思考中回過神來。他感到好像已經捕捉到了什麼東西，但一晃又消失了。帶著這若有若無的情緒，牛頓回到了樓上，長時間不能入睡，百思不得其解。

　　小村莊裡的秋天是最愜意的季節，在這秋高氣爽的日子裡，牛頓信步來到戶外後院的花園中，蘋果樹上掛滿了又紅又大的蘋果，空氣中散發著誘人的清香。牛頓找了一棵樹，在樹下又一次陷入了沉思，開始思考起他一直沒有弄明白的天體運行問題。一個蘋果從樹上掉了下來，正好落在牛頓的腳下。

　　這次一個蘋果的偶然落地，卻帶來了人類思想史上的一個轉折點，它使坐在花園中的這個人開了竅，引起了他的沉思：為什麼這個蘋果會落向地面呢？為什麼它不會飛到天上呢？它一定受到了某種力的作用。

蘋果落地的啟示

對呀，不光是蘋果，地球上的一切物體，只要你把它拋向空中它們都會下落到地面，它們一定是受到了來自地球的某種力的作用。牛頓認為這種力不是磁力。後來，牛頓這樣寫道：

> 「重力具有與磁力不同的性質，因為磁的吸引力並不與被吸引的物體成正比。有的物體受磁鐵的吸引強一些，有的弱一些，大部分物體則根本不受其作用。在同一個物體中，磁力可以增大或者減少，而且有時對於一定的物質其量遠比重力的強。」

牛頓考慮到了引力，但引力究竟又是什麼，怎樣來證實它的存在呢？他想到伽利略。伽利略對落體運動、慣性運動和拋物體運動的深入研究，使「力」的概念發生了革命性變革。

自亞里斯多德以來，人們一直認為物體之所以發生運動其原因就是力。伽利略卻證明不是這樣的，物體有一種慣性，運動者完全可以自己長期運動下去，而不需要力的作用；力只是物體產生加速或改變方向的原因。

這就意味著，天文學家需要解釋的問題不是行星為何不斷地運動，也不是行星為什麼不嚴格按圓周運動，而是行星為什麼總是繞太陽做封閉曲線運動，而不做直線運動跑到外部空間去？月球也是這樣。牛頓很快地從伽利略的拋射原理中得到了理解。

伽利略在研究拋物運動時發現，一個沿水平方向拋出的物體同時具有兩種運動，一種是水平方向上的勻速直線運動，一種是垂直方向上的勻加速運動，即自由落體運動。

這兩種運動合成的結果便使拋物體沿著一曲線軌跡下落，這個軌跡就是拋物線。伽利略證明：在拋射初速度一定的條件下，

當拋射仰角為 45°時，拋物體的射程最大。當拋射仰角一定時，拋物體的射程則取決於仰射的初速度和高度。

　　牛頓設想：把一塊石頭按水平方向拋射出來，如果沒有地心的引力和空氣的阻力，它會恆久地沿著直線勻速行進；但在引力和阻力存在的情況下，它就會沿著一條拋物線的路徑落在地面上，拋射的初速度越大，石塊落地之前行經的路程就越遠。

　　牛頓終於發現了這個力就是重力，它和地球上使蘋果落地或石塊落地的力是同一個力！

　　牛頓在發現這一理論後由於數學方面的制約，一直沒有推導出適用於這一理論的公式。

　　他便把精力放到了解數學問題上，等微積分的理論完整後，他才對自己的猜想作出了精確的計算推理確認。

　　在後來的 20 多年的時間裡，牛頓認為這一理論無懈可擊，才在別人的勸說下公布了自己的理論。

　　人類對於光線的認識最早是亞里斯多德的理論，他認為各種顏色都是由亮色和暗色所組成的，即白色和黑色組成的。到了牛頓那一時期，這一觀點仍被大多數的科學家所接受。

　　這個觀點認為在所有的顏色中，紅色是最強的、改變最少的、最接近純白色的顏色；而藍色是最弱的、改變最多的、最接近於黑色的顏色。但人們普遍相信光譜中的各種顏色都是由白光變化而來的。

　　牛頓卻不這麼認為，透過觀察認為，這種理論的正確性值得懷疑。他透過實驗得出的證據也不支持這種說法。

蘋果落地的啟示

他曾用三稜鏡仔細觀察過光線，各種光線透過三稜鏡後，在牆壁上留下了赤、橙、黃、綠、青、藍、紫幾種顏色，無論怎樣改變三稜鏡的角度這種排列都是不變的。

雖然牛頓還沒有就此得出結論，來推翻亞里斯多德的關於光線的理論，但他堅信那種關於光線的簡單解釋是不正確的。

在一陣暴雨過後，伍爾索普這個英國的小村莊沉浸在雨後的清新當中，陽光也透過雲層顯現出來。隨著太陽的出現，一彎彩虹也斜掛天邊。

這美麗的彩虹，引來了人們許許多多的遐想，不少美麗動人的傳說都與它有關。看著這美麗的彩虹，牛頓心想，它是如何產生的呢？

牛頓透過觀察彩虹現象細心地發現，彩虹光譜的排列與他在實驗室中觀察到的色彩排列是一樣的，都是按照赤、橙、黃、綠、青、藍、紫的順序排列的。

是呀！為什麼它們都按照這種固定的方向排列呢？根據以前的實驗的經驗，牛頓現在已有了一套成熟的實驗方法，他預感到，透過這次實驗將要觀察到一些重要現象。

這項實驗對於當時的人們來說是新奇的。牛頓把樓上朝南的臥室密封、遮嚴，在白天室內也是漆黑一片。

然後，他在窗板上鑽一個小孔，讓從孔中射入的光線經過一個三稜鏡，結果光線就準確而清晰地投到了對面的牆上。

但令他驚奇的是，光線投到牆上的光譜呈現的是長條狀，是長方形的光帶，這條彩色光帶很有秩序地排列著赤、橙、黃、

綠、青、藍、紫七種顏色，不管怎樣變換三稜鏡或轉動三稜鏡，這種次序都不會發生變化。

這種現象，在光學裡面稱為「色散」現象，而把它的這種有秩序的排列稱為「光譜」。

為了進一步研究這種現象，牛頓又做了一個實驗，用一塊透鏡把經過稜鏡折射後的光譜收集起來，發現它們將會重新會聚變成白光。

由此得出，白色是光的通常顏色。因為光線是從發光體的各個部分雜亂地散射出來的，而光是由帶有各種顏色的這些光線，所形成的一種混亂的集合體。

如果各組成部分互相間具有一定的比例，那麼從這樣一種混亂的集合中就會產生出白色。

因而，具有高度感知力的牛頓認為，平常看到的白光是由赤、橙、黃、綠、青、藍、紫七種顏色構成的。

當它們透過三稜鏡時，根本沒有發生變化。除了對光有了突破性的認識外，牛頓的另一個收穫是，他透過光線射過三稜鏡時留下的赤、橙、黃、綠、青、藍、紫的光斑，如果對它們進行精確的計算，就會得出各自的折射率，那麼就會產生折射率定律。

首製反射式望遠鏡

西元 1667 年 4 月，牛頓告別了家人，返回了劍橋。兩年過去了，劍橋在瘟疫結束之後又煥發出了勃勃生機，來自於歐洲各地的學子操著十餘種語言在交談著。

園丁在忙著給樹木剪枝，給花壇澆水。

牛頓深深地吸了一大口新鮮空氣，臉上充滿了對未來的希望。在重返劍橋之前，牛頓的心中已經形成了力學、光學、數學、天文學的理論框架。

回到寓所，剛剛打掃了一下房間，牛頓聽到有人在敲門。「請進！」門開了，牛頓一看是巴羅教授。

巴羅教授驚奇地喊道：「噢，我是在校門口聽說你回來了，便過來看看。歡迎你回來，牛頓先生。」巴羅教授伸出手去。

看到巴羅先生如此熱情，牛頓十分激動，不知為什麼，在巴羅面前，他總是沒有任何顧慮，彷彿在兩人之間有親情關係似的。一番寒暄之後，兩人開始切入正題，牛頓向巴羅教授談起了這兩年來在伍爾索普的生活、學習情況。

牛頓不知疲倦地向巴羅教授說著，說得最多的還是自己對萬有引力、光學、天文學進行的思考與研究，講到重點處，便拿出紙筆又寫又畫，全然忘記了晚飯時間已經過去。此時的他或許還不知道，這一階段在其頭腦中所形成的理論框架將注定使他震古爍今。

巴羅教授耐心地聽著，時而欣喜地微笑，時而費神地思考以致擰緊了眉頭。他發現，牛頓在這兩年中學識有了巨大的飛躍，真應當對其刮目相看了。從牛頓在幾個不同學科的基本思想上來看，他已經掌握了前人的精華，並在大量的實驗基礎上經過精心的推斷論證，從而推導出自己的結論。巴羅教授還清晰地記得他送克卜勒所著《光學》給牛頓的情景，但而今牛頓在光學上的研究與發現已遠非克卜勒所能相比了。

　　當牛頓還不大好意思地講到，自己是因為受到蘋果落地的啟發才開始思考萬有引力的問題時，巴羅教授心中不禁一動：天才！只有天才才能夠發現蘊含在平凡之中的真理。

　　此時他知道，牛頓必將成為一名偉大的科學家，注定因其博大精深的思想與對世界無與倫比的貢獻為後世所銘記。想到這裡，巴羅教授欣慰地笑了。

　　「巴羅先生，你笑什麼？」正說得滔滔不絕的牛頓看到巴羅教授突然笑了，十分不解。

　　巴羅教授真誠地說：「哦，沒什麼，艾薩克，沒有想到在這麼長時間內你的學業研究竟一點都沒有荒廢，我真的為你取得的成就而感到高興。」

　　「啊，我只是想憑藉實驗解開心中的疑慮罷了，但要取得最終的結果，還需要大量的時間和優良的實驗儀器。」

　　「這沒有問題，現在學校已經復課，你的研究會慢慢地步入正軌。對了，你下一步有什麼打算？」

　　「我想繼續光學方面的研究，看能不能再發現些什麼。」

首製反射式望遠鏡

這一晚，牛頓與巴羅教授談天說地，評古論今，促膝長談，直至深夜。

自此，兩人都覺得他們之間的友情更加親密了。

回到劍橋後，除了巴羅教授，牛頓並沒有將自己的發現和發明告訴其他人，把沒有考慮得完全成熟的東西拿出來炫耀，這一向不是牛頓所為，這種輕率的舉動令他鄙視。

牛頓一回到學校，就一頭紮進了他的研究之中。他在鼠疫期間產生的那些重大思想雖然在他外表上看不出什麼，但是他的內心卻是十分激動的。

牛頓非常清楚他的研究有許多問題沒有明白，他必須繼續探索，徹底弄清。然而，他被那些未知的問題深深地吸引住了，強烈的追求精神使他深深沉浸其中。

牛頓現在要做的第一件事就是製造出一架望遠鏡。在鼠疫期間，他對色散的實驗和研究，使他確信找到了老式折射式望遠鏡成像模糊不清的原因，因而他急於要製造一架新式望遠鏡來驗證自己的應用理論的正確性。

牛頓忙著用鑽頭、錘子、圓規、磁鐵、稜鏡和其他材料磨製玻璃透鏡，加工金屬構件。與此同時，牛頓還抽出一些時間，來完成自己的學業。

他曾到倫敦購置了研究光學和製造望遠鏡所急需的一些設備和材料，然後專心致志地研製反射式望遠鏡。

在牛頓以前，進行天文觀測的儀器是折射式望遠鏡，它最初是由荷蘭的一個名叫利特斯的眼鏡匠所發明的。

當時，人們只是把它作為一種新奇的玩物，況且它的有效距離也不太遠。到了西元 1609 年，伽利略透過改進，做成了折射式望遠鏡，從而運用於天文研究。伽利略的折射式望遠鏡是按照光的折射原理製成的，就是由兩片透鏡和一根長筒組成，靠近物體的透鏡叫做物鏡，而靠近觀測者的叫做目鏡。利特斯的望遠鏡只能放大 3 倍，而伽利略的望遠鏡可以放大 30 倍。

　　西元 1609 年 6 月，伽利略用自製的望遠鏡，觀測到了月球表面起伏的山脈和火山口。西元 1610 年 1 月，他又發現了環繞木星的四顆衛星，還有太陽黑子現象。伽利略用他自製的望遠鏡進行了一系列的新發現，這開創了天文觀測的一個嶄新的紀元。伽利略因此被譽為「天空中的哥倫布」。

　　後來，克卜勒又對伽利略的望遠鏡進行了改進，製成了克卜勒望遠鏡，雖然仍是折射式的，但它克服了伽利略望遠鏡的範圍小、不方便觀測等缺點，同時，放大的倍數也顯著提高了。因此，以後天文學觀測多採用克卜勒望遠鏡。

　　折射式望遠鏡，大大推動了天文學的發展進程。但是，隨著觀測精度的不斷提高，折射式望遠鏡也存在著不足，望遠鏡的色差使觀測的物像很模糊。為解決這一問題，天文學家做了大量實驗，最終找到了方法：使物鏡和目鏡的距離拉大。雖然解決了一時的問題，可也帶來了許多不便。

　　到了 17 世紀中葉，隨著天文事業的不斷發展，人們需要一種簡便、觀測精確的望遠鏡來代替折射式望遠鏡。

　　完成這一偉大改進的人就是牛頓。牛頓透過在家鄉的研究，

首製反射式望遠鏡

發現了白光的合成性質，同時發現，由於每一條光線的折射率不同，從而形成色散現象。

正是這些發現讓牛頓得出最後的結論：當時所用的折射式望遠鏡的主要缺陷不是由於物鏡的球面成像差，而是由於物鏡的色相而使得所成物像帶有彩色邊沿。

所以，根據折射原理製作的任何望遠鏡，都無法消除色相差這一毛病，只有根據新的原理製造反射式望遠鏡，這一問題才能得到合理的解決。

牛頓就在他那所靠近教堂的寓所底層的小房間裡做起來了。他自己動手用小小的金屬鏡子來做反射式望遠鏡，他花了很長一段時間來磨光鏡子的凹面，必須磨得非常光而且還帶有一定的曲度，才能清楚地接受射來的光線並使之聚焦。這種別出心裁的裝置被人們稱之為「牛頓裝置」。

牛頓利用光譜原理設計製造的望遠鏡就叫做牛頓望遠鏡。這是世界上的第一架反射式望遠鏡。這架望遠鏡很小，只有 6 英吋長，直徑 1 英吋，然而卻能放大 40 倍，並且是手工製造。

當他第一次在晚上用這架望遠鏡指向星空時，影像清晰明亮，顏色條紋的干擾完全消除了，也清晰地看到木星和它的 4 個衛星，找到了金星的位置。他實在是太激動了！

堅守崗位做科學研究

返回劍橋 12 個月後，牛頓就面臨著至關重要的研究員選舉。

這是他迄今所面臨的第一次選舉，也是最重要的一次選舉。就像三年前他對獎學金的名額競爭一樣，這次選舉結果關係到牛頓的整個未來。

這次選舉關係重大，將決定牛頓是否繼續留在劍橋大學，課題研究是否繼續進行，也可以這樣說，是否要回到林肯郡，是否回到他的家庭背景所能安排的鄉村牧師職位上去。這所有的一切都將由這次選舉來決定。

從表面上看，牛頓成功的機會不是很多。因為三一學院已經三年沒有進行選舉了，只有 9 個待補名額。

還有一部分學生享有某種特權，而政治影響也發揮了很大的作用，那些有關係的便接近王室成員，想方設法地弄到國王的委任信函，指定選舉他們。

剩下的就只有靠院長和 8 位高級研究員來選擇了，這使他們的地位與影響力陡然上升。

在 9 月的最後一週，候選人必須坐在教堂裡 4 天，接受高級研究員們嚴格的考核。而這些課程，牛頓已經將近 4 年沒有碰過了。

在這種形勢下，這位往日的減費生不管付出多麼大的努力，被選舉的機會也是非常渺茫啊！如果他也有人贊助的話，那麼勝出的機會就大了。如果這次選舉成功，就會使牛頓成為學院委員

會的永久成員，並且，按照他的個人理解，從此他便可以自由地做研究工作了。

西元 1667 年 10 月，牛頓如願當選為學院研究員，只是這個研究員的位置並不是那麼重要。9 個月後，牛頓從被授予文科碩士學位開始，他才正式登上了重要的研究員的位置。

授予碩士學位只是一個形式而已，但也從來沒有聽說哪個人拒絕過。在以後的 7 年中，最後一步隨時都會到來。除兩名特定成員外，學院 60 名研究員的任職，在獲得文科碩士學位後，7 年之內要獲得牧師的身分。西元 1667 年 10 月 2 日，牛頓成了三一學院的研究員。獲得了碩士學位後，牛頓在三一學院整整生活了 28 年。這些年大致上也正是劍橋大學與三一學院最艱難的時期，因為這段時間國家正處於動亂時期。不論他當初的願望是什麼，都沒有找到一個志趣相投的學者圈子。牛頓作為一個追求真理的哲學家，他發現自己身處那些有了職位卻還在找位置的人中間。他的全部創造生活的背景也正是由於這一基本事實被染上了顏色。

牛頓還是不太適應學院的生活，這一點對他來說其實是非常有利的。

因為研究員生活中的瑣事逐漸多了起來，完全可以將有希望的人給抹殺掉。

牛頓就是有著常人所不具備的精神。他不論在何種情況下，都會熱情地用心鑽研。他遠離群體生活，自己獨處，完全投入到了對知識的追求當中。

學院的管理手冊上的記錄充分證明了牛頓在校學習期間是極少離校的。他即使是離校了，一般也只是回家看看，但時間不是很長。

西元 1669 年，即學院管理手冊指的是到西元 1669 年 9 月 29 日米加勒節結束的前 12 個月，牛頓有 52 個星期全在校；西元 1670 年，牛頓 49 週半在校；西元 1671 年，牛頓 48 週在校；西元 1672 年，牛頓 48 週半在校。

10 年後，牛頓發現他去教堂的次數非常的少，因為他每晚都要工作到凌晨兩三點。

透過這件事足以表明，牛頓一直都是在用心研究，而且很少中斷，即使他晚上去教堂也只是去比較近的聖瑪利亞教堂。

在他讀大學時，學院的寬鬆管理就曾幫過他的忙，現在對他也是十分有利的。

牛頓的同時代研究員喬治‧莫特和帕德利克‧科克等人，在學院孤獨、單調地生活了將近 40 年，既沒有去教書，也沒有做任何研究，校方也沒有追究他們的責任，同樣也不會追究牛頓的。

現在的牛頓認為：只需避開三件不可饒恕的過失，即犯罪、異教與婚姻，他的研究就能繼續做下去。

事實上，牛頓真就是終生未娶。

接受數學教授一職

西元 1669 年春天，氣候轉暖，河流中的冰層開始融化，樹枝也發出了嫩芽。人們脫去了厚厚的冬裝，盡情享受春天帶給他們的歡樂。

但這一切都與巴羅教授無緣，此時此刻，他正躺在臥室的床上，身上蓋著兩條毛毯，眼睛無神地望著天花板。

巴羅教授的身體一直不好，傷風、咳嗽、失眠，還發低燒。作為第一任盧卡斯數學教授，巴羅教授學識廣博，無論光學、數學還是物理學的課程都可做到讓學生滿意。

如果能有一個人，學識和品德都能替代自己繼續盧卡斯數學課程，讓自己放手進行研究，那該有多好啊！巴羅教授不止一次地這樣想。

其實巴羅教授心裡倒真的有一個合適的人選，如果他當選，一定會很稱職。而今，躺在床上的他似乎早已做好了決定，只待一個恰當的時機來捅破這層窗戶紙。

一陣輕輕的敲門聲打斷了巴羅教授的思緒。巴羅教授有氣無力地叫道：「進來！」

「巴羅先生，你好些了嗎？」如此熟悉的聲音，令巴羅教授精神為之一振：牛頓來了。

「啊，好多了，謝謝。你好嗎，艾薩克？」巴羅教授見是自己最喜愛的學生，掙扎著要從床上坐起來。牛頓連忙阻止：「我

很好，剛剛下課，順路來看看你。」

「你能來真是太好了，我正想找你談一件事。」巴羅教授凝視著牛頓，「我已決定辭去盧卡斯數學教授的職務。」

「什麼？」牛頓簡直不敢相信自己的耳朵，他大大地吃了一驚，「為什麼？」

巴羅教授苦笑了一下說：「我的身體狀況大不如前了，從事課堂教學的同時再進行個人的課題研究，必定造成精力上的分散，因此我決定辭去數學教授一職，從此專心於神學、數學的研究。而且，我要你接任這個職位。我已經把這個意思口頭轉達給了校方，在完全康復之後，我會遞交正式的書面報告。」

即使天立刻在牛頓面前塌下來，也不會讓他比此刻更驚訝了，他搓著雙手，說不出一句話來。

「同意嗎？我想聽聽你的看法，艾薩克。」巴羅教授用企盼的眼光看著牛頓。

望著真誠的老師，牛頓心頭一熱，幾乎掉下淚來。在以前，巴羅或多或少地跟他提過這件事情，但他只把這作為老師對學生的一種勉勵。沒有想到，巴羅先生竟會不顧其他人的反對推薦自己做他的後繼者。

牛頓臉紅紅地說道：「不，巴羅先生，我的年紀還輕，不能擔任如此重要的職務。」

「那有什麼關係，要擔任這個職務，有廣博的學識就夠了，除了你之外，我實在想不出還有誰更適合這個位置。」巴羅誠懇地說：「不要再說了，艾薩克，你肯定能行，我相信你！」

接受數學教授一職

　　知道老師是如此相信自己，牛頓心裡清楚已經不好再推辭了，他站了起來，畢恭畢敬地給巴羅先生鞠了一躬：「巴羅先生，感謝你的信任，我一定不會辜負你所托！」

　　兩個人的手緊緊地握在了一起。

　　巴羅教授休息兩個月後剛剛好些，便給學校方面寫了書面申請，推薦牛頓做盧卡斯數學教授。巴羅的能力在劍橋是大家都公認的，在歐洲數學家中也有一定的影響，校方批准了巴羅教授的決定。

　　牛頓接受了這個象徵著學術最高權威的崇高榮譽後，內心充滿了無限的喜悅。這一職位的工作並不繁重，每星期只需要講授一節課，和他的學生聚兩次，來討論他們所提出的問題。

　　由於牛頓這個時候的主要精力是研究光學，所以他決定講授光學。但是牛頓講課的情況卻不太好：

> 他說話很慢，而且講課時內容乾巴巴的，聲音不清，總之毫無生
> 趣，這樣學生聽起來內容一般，這大概和他的不善表達有關吧。

　　另外，牛頓講課的方法也與眾不同，他不是逐步深入，循循善誘，而是直接把自己試驗的結果或對某個問題的研究結論講給學生，聽起來沒頭沒尾的，常常搞得學生摸不著頭腦。學生開始有的打瞌睡，有的左顧右盼，到了後來乾脆連課都不上了。

　　有時候，當一個學生都沒有時，牛頓只得把他的講義收起來，回去做他的實驗，也許牛頓天生就不是一塊當老師的材料。

如痴如醉研究科學

　　牛頓的專注精神，在科學界是出了名的。他對科學陷入了一種痴迷的程度，勤奮已不能準確表達他對科學的執著和熱愛了。他幾乎把全部的精力都用在了研究上，甚至在吃飯、睡覺時，哪怕一分一秒也不浪費。

　　正是他這種對科學的態度，在生活中也鬧出了許多笑話。

　　有一天，快到吃午飯的時間了，突然有人敲門。

　　「喂，牛頓，快開門呀！」那人大聲喊著。

　　牛頓走出來一愣。

　　「您是？」

　　那人走過來握著牛頓的手說：「怎麼，把我忘了，不認識了？」

　　牛頓想了一下子，這才記起這位昔日的朋友，於是滿臉笑容地說：「哦，原來是你呀，我們有很長時間沒有見面了，你還好嗎？」

　　牛頓與這位朋友很多年沒有見面了，想著一定要好好招待他。然後，讓僕人準備了午餐。待要用餐時，牛頓覺得還缺少什麼，於是對朋友說：「等我一下，我去拿存放了多年的葡萄酒，我們好好地喝一場！」

　　牛頓站起身就去拿酒了。

牛頓的實驗室，就在客廳和廚房中間。當牛頓路過實驗室時，突然想起還沒做完的小實驗，他情不自禁地走了進去，開始他的研究工作了。

過了很久，那個客人坐不住了，牛頓去了這麼久，還不回來，自己一個人吃，又顯得沒禮貌。於是他決定去看看是怎麼回事。

當那個客人推開實驗室的門時，他發現牛頓正在那裡做實驗。客人無奈地笑了笑，牛頓也想起了葡萄酒的事情，他拍了拍腦門，不好意思地笑了。

牛頓總是認真鑽研，一絲不苟，很少探親訪友，來訪的人也很少，只有兩三個，他們是吉斯的艾里斯先生，三一學院的羅漢姆先生和維賈尼先生。維賈尼先生是一個化學家。

牛頓沒有什麼娛樂或消遣的活動，也不騎馬兜風、散步、打保齡球，更不做其他任何的運動。他覺得凡不是花在研究上的時間，都是浪費。

牛頓對他的研究絲毫不放鬆，很少離開房間，只是作為盧卡斯講座教授，每星期要到學校去講課，但是他很少到飯廳用餐，除非某些公休日。

有一次，牛頓從早晨起就計算一個問題，中午飯都忘記吃了。當他感到肚子餓時，已暮色蒼茫。他步出書房，一陣清風，感到異常的清新。突然想道：我不是去吃飯嗎？怎麼走到庭院中來了！於是他立即回頭，又走進了書房。當他看到桌上攤開的演算稿時，又把吃飯的事忘得一乾二淨，立即又伏案緊張地計算起來。

發生在牛頓身上的事太多了，這都是與他的執著的研究分不開的，雖說這些都是笑話，但是若沒有這種踏實、執著、一絲不苟的精神，怎麼會有後來的那些偉大成就？

　　牛頓也曾說：「不懈的追求使我獲得成功。如果沒有這份執著，成功對我來說，永遠都只是夢想。」

成為皇家學會會員

　　西元 1671 年，牛頓在原來的研究基礎上對自己製造的天文反射式望遠鏡進行了必要的改進，整體計算也精確化了，完成了新的反射式望遠鏡的製造工作。

　　這架新望遠鏡長 25 英吋，可放大 38 倍。採用銅錫合金製作的凹面反射鏡使觀測效果更加清晰，令人滿意。牛頓受到巴羅教授的鼓勵，他將這臺望遠鏡送給英國皇家學會，徵求他們的意見。

　　此時，他對行星的觀測已經進行了很長時間，取得了許多寶貴的數據。在此基礎上，牛頓大膽地提出了不同以往的行星運動的規律，更提出了地球並非正球體的設想。

　　牛頓的望遠鏡以其奇特的設想、新穎的設計和超常的性能，極大地震撼了英國皇家學會。漸漸地，從那臺神祕的「魔鏡」開始，人們知道了牛頓這個伍爾索普的年輕人。

　　此時牛頓的名氣還僅侷限於劍橋大學之內，他真正名聲大噪是在這臺反射式望遠鏡被送到當時的英國國王查理二世面前之後。

　　在 18 世紀，天文學在英國宮廷內十分受歡迎，正是在這種情況下，牛頓製作的新型反射式望遠鏡被英國皇家學會呈給了國王查理二世。在此之前，牛頓的名字已經傳到了他的耳中。查理二世一看到這臺望遠鏡便讚不絕口：「好極了！設計得很別緻嘛，

對了……」他抬起頭來問周圍人，「是我們國家的人發明的嗎？」其實他心裡比誰都清楚。

馬上有人恭謹地回答：「是的，陛下明鑑，是劍橋大學三一學院的盧卡斯數學教授艾薩克・牛頓，他家住林肯郡伍爾索普。」

「嗯，很好，我們就是要多多培養和提拔這樣的年輕人。」

牛頓憑藉當選盧卡斯數學教授，和反射式望遠鏡的發明得到了公眾的承認，一時成為大眾的話題，人人都知道這個年輕人發明的新型望遠鏡得到了國王的好評。

牛頓生性不喜名利及阿諛之詞，對外界的反應倒也沒有太放在心上。他只希望以後能夠有一個更利於科學研究的環境，重要的是他迫切地想與其他科學的先行者進行進一步溝通。

西元 1671 年，國王查理二世當著眾多科學家的面，邀請牛頓加入皇家學會。

但是說起來容易，做起來難。皇家學會是一個不受政府管制的科學團體，因此，國王的邀請只能算是一種介紹，並不一定成功，要想成為皇家學會的會員，必須要有一位德高望重的科學家或是社會名流推薦，然後，經主席團討論後，再由全體會員投票通過才能當選。

要想得到委員們的信任和認可，必須要本人把自己的成就告訴他們，而此時的牛頓，仍然不喜歡表達自己，甚至不敢和那些反對者去理論。此時，又是巴羅幫了他大忙。

巴羅首先在他做祭司的皇家教堂說服了索爾茲伯里主教，成為牛頓的推薦人。索爾茲伯里主教是英國教會最德高望重的人，

成為皇家學會會員

他在社會上享有很高的聲望，也是著名的社會學家。

隨後，巴羅又和牛頓找到了當時天文學界的著名科學家，牛津大學的瓦爾德教授，作為牛頓入選皇家學會的學術推薦人。

然後，牛頓經過精心的準備，在皇家學會的全體委員會上作了關於反射式天文望遠鏡的學術報告，並取得了圓滿成功。

這樣，牛頓就被提名為英國皇家學會的候補委員。

西元 1672 年 1 月 6 日，在巴羅的鼓勵下，牛頓給皇家學會的祕書長奧爾登伯格寫了封信：「我對索爾茲伯里主教和瓦爾德教授，提議我為候選人感到十分榮幸，我希望這份榮幸將因被選入皇家學會而繼續伴隨我。」他又接著寫道：「如果事如所願，我保證，將盡我的最大努力，為促進你們的哲學計劃的實現，竭力證明我的謝意。」

西元 1672 年 1 月 11 日，在幾乎全票通過的情況下，牛頓當選為英國皇家學會的新會員。這使他同英國科學的領導機構有了密切的關係，而他本人也加入了英國最有名望的學者行列，從此正式踏入了學術界。

英國皇家學會是英國資助科學發展的組織，成立於西元 1660年，並於西元 1662 年、西元 1663 年、西元 1669 年領到皇家的各種特許證。英女皇是學會的保護人。學會全稱「倫敦皇家自然知識促進學會」。

英國皇家學會是一個獨立的社團，不對政府任何部門負正式責任，不必經過政府批准。但它與政府的關係是密切的，政府為學會經營的科學事業提供財政資助。

學會沒有自己的科學研究實體，它的科學研究、諮詢等職能主要透過指定研究項目、資助研究、制訂研究計劃，透過會員與工業界聯繫及開展研討會等實現。

皇家學會會員候選人必須由至少 6 名責任會員提名和推薦。英國皇家學會於每年的 11 月 30 日召開學會年會，於每年 3 月第三個星期三召開選舉年會。根據章程，每年提名的「外國會員」人數不得超過 4 人。

皇家學會共分兩大學科領域，即物質學科領域（包括數學，通稱 A 類）和生物學科領域（通稱 B 類），下面又分設 12 個學部委員會。學會成員分為皇家會員、英籍會員、外籍會員三類。皇家會員只產生於皇族，不定期選舉；英籍會員每年至多選出 40 名；外籍會員每年至多選出 4 名。會員有極高的社會榮譽。

領導機構是理事會，由 21 名理事組成，每年要改選其中的 10 名，除工作人員外，理事均不得連任 2 年以上，學會會長及外事祕書任期不得超過 5 年。

學會主要是促進自然科學的發展，它是世界上歷史最長又從未中斷過的科學學會，它促進了英國科學的飛速發展。

作為一個嶄露頭角的新人，牛頓對成為該學會的新會員感到很興奮。

牛頓這個時候不過 30 歲，這是所有學者夢寐以求的最高榮譽，曾經引來不少羨慕的眼光。

牛頓成為皇家學會會員後，不能再像以前那樣一個人獨來獨往了，他必須經常和其他學者做學術上的交流。但是從小就獨來

成為皇家學會會員

獨往的牛頓，一向不善於與人交往，因此開始時非常不習慣這種生活方式，不過時間久了以後也就習以為常了。

牛頓加入學會對今後的科學研究有很大的影響，從西元 1672 年之後，牛頓透過皇家學會的活動，從個人的研究走向了社會，與很多的國外科學家建立了關係。雖然也受到過批評，但從中也得到了不少啟發、幫助。

西元 1672 年 2 月 8 日，牛頓應邀在皇家學會宣讀他的論文《關於光和顏色的理論》，並在 19 日的《哲學會報》上發表，從而首次將自己在以往的發現公之於眾。

這篇論文贏得了熱烈的掌聲，但卻沒有獲得一致贊同。最大的反對者是在皇家學會很有威望的羅伯特・虎克和他的追隨者克里斯蒂安・惠更斯（Christiaan Huygens），他們直截了當地表示了反對。

「牛頓先生，我們很讚許您以前的發明，您付出了艱苦的努力，我們很欽佩您。」虎克先生在寂靜的大會議室，慢條斯理地說：「但是，我們認為，您的實驗還很不夠，沒有一項是不能否定的。」

虎克剛說完，惠更斯便站起來，很嚴肅地說：「牛頓先生，你敢肯定你的方法可以解釋所有的顏色現象嗎？」

他越說越激動，眼睛死死地盯著牛頓說：「不，不能！那是不可能的。」

虎克接著說：「但是，別的理論是可以解釋這一切的呀！」虎克的話很明顯地暗示牛頓，他的波動說是可以做到這一點的。

牛頓聽了虎克的話，便立刻以實驗的證明，將他的波動理論推翻了。然後，牛頓將自己與虎克學說不同的地方一一列舉出來，使得虎克無話可說，這場爭論才暫時結束。

　　雖然牛頓和虎克的辯論已經停止，可是那些嫉妒牛頓成就的學者，便趁此機會對他的其他學說加以批評。

　　開始時，牛頓還能忍耐下去，到後來，他認為這樣辯論下去也不會有什麼好的結果，並會因此而浪費時間，把時間花在這上面，沒有什麼意義，還不如去做研究。因此，他退出了這場辯論，把全部精力都用在了對化學的研究與探索上。

　　這次爭論的經歷，使牛頓對發表自己研究成果的態度更加嚴謹了，因此，當時的人們很少看到這些偉大的成果。

　　牛頓的心中一直沒有平復第一次爭論留給他的創傷，但是，真正的學術討論也使牛頓對一些問題的認識變得更加深入，尤其是關於光的本性的思想逐漸趨於具體化。

力薦有貢獻的新人

在荷蘭德爾夫特有一家服裝店，列文‧虎克（Antony van Leeuwenhoek）是這家店的主人，在平時，他除了照管店裡的生意外，與家人見面的機會比較少，很少與家人溝通，也不和鄰居往來。

列文‧虎克沒有學到多少知識，也沒有接受過什麼科學訓練，但他對新奇事物非常感興趣。

有一天，他從朋友那裡得知，荷蘭最大的城市阿姆斯特丹的眼鏡店可以磨製放大鏡，用放大鏡可以把肉眼看不到的東西放大。他聽到朋友這樣說，對這個放大鏡產生了強烈的興趣，但他又買不起。自此以後，他經常到這家眼鏡店裡，認真觀察磨製鏡片的流程，暗暗地學習著磨製鏡片的技術。

很快，他就學會了這項技術。回到家後，他就開始工作了，只要有一點空閒時間，他就拿著磨石，蹲在地上專心地磨玻璃鏡片，所以他在多數人眼裡是一個瘋子。

他絲毫不在乎別人的看法，他只埋頭於自己的工作中，每天辛勤地磨製鏡片。

西元 1665 年，列文‧虎克終於磨製成了一塊直徑只有 0.3 釐米的小透鏡，還做了一個支架，把這塊小透鏡鑲在支架上，又在透鏡下面放一塊銅板，銅板的上面鑽有一個小孔，使光線從這裡射進而反射出所觀察的東西。透過鏡片，他發現了一個令他震驚的世界。

西元 1675 年，在一個雨天裡，列文‧虎克從院子裡接了一杯雨水用這個儀器進行觀察。

列文‧虎克突然歡呼起來，並在房間裡蹦著跳著，他 19 歲的女兒瑪麗聽到屋裡的動靜，趕快跑過來看看是怎麼回事。瑪麗推開門一看，只見父親一面看著鏡片，一面興奮地大喊：

「啊！看到了，我看到了！」瑪麗感到很奇怪，快步走到跟前，問道：「爸爸，你看到什麼了？」

「瑪麗，你快來看，你看水滴裡有東西在動呢！」瑪麗接過來一看，果然看見水中有數不清的東西在蠕動，令人看得眼花繚亂，不禁好奇地問道：「爸爸，這是什麼東西呀？看起來挺可怕的。」

「我也不清楚這是什麼東西，但我敢肯定這是一種生物。」列文‧虎克發現這種細微的生物後，給它們取了一個名字 ——「可憐的小蟲」，後來科學家稱它們為微生物，而列文‧虎克用來觀察微生物的儀器也就被稱為了顯微鏡。

水中的微生物到底是從哪裡來的呢？這個問題一直困擾著列文‧虎克，他下定決心一定要找到這個問題的答案。於是，他找來一個乾淨的碗，放在屋外接雨水。結果發現雨水中並沒有任何的微生物。雖然如此，列文‧虎克仍不放棄觀察。終於在四天後發現雨水中開始有生物游動了。

在一滴雨水中，這些小生物要比當時全荷蘭的人數還多出許多倍。

列文‧虎克每天拿著顯微鏡進行觀察，這在其他人看來，是無法接受的，都認為他精神不正常了。但在這個時候，克拉夫醫生卻不這樣看。

力薦有貢獻的新人

列文‧虎克把自己的發現告訴克拉夫醫生時，克拉夫醫生高興地拉著他的手說：「這是了不起的偉大發現，你盡快向倫敦皇家科學會作個報告吧！」

他把資料整理好後，立刻向學會作出了報告。不久，列文‧虎克竟然收到學會的邀請卡，請他出席會議。

列文‧虎克接到學會的邀請後，便興奮地帶著他那架顯微鏡趕往倫敦，參加皇家科學會的會議。他在會議中熟練操作顯微鏡，並解說發現的經過，每一位會員看到鏡片下的微生物，都不禁感到震驚，異口同聲地說：

「這真是一項偉大的發明啊！」

大多數會員看到這個結果後，都極力推薦列文‧虎克成為會員，其中最熱心的就是牛頓。可是仍有一些會員認為，只發明一架顯微鏡，就讓他成為皇家科學會會員，這也太草率了，但牛頓卻認為完全可以，並說服其他人通過議案。他說：

> 「科學這種東西，不是立了假說，紙上談兵就可以辦到的，而是
> 先要了解物質的本體。伽利略發明望遠鏡，等於是為我們開啟了
> 世界的祕密之門。現在，列文‧虎克發明了顯微鏡，才使我們能
> 看到微觀的世界。現在，如果不讓列文‧虎克先生成為會員，對
> 於他個人並沒有多大損失，但卻是皇家學會的一大恥辱。」

透過牛頓的一番努力，其他會員也表示同意了，列文‧虎克終於成為皇家學會的會員了。皇家學會一直很希望列文‧虎克能將顯微鏡捐給學會，可是皇家學會無論怎麼努力，他都不願意捐出，直到西元 1723 年去世前，才讓他的好朋友，將他視為寶貝的顯微鏡贈給皇家學會。

這個時候，牛頓剛好擔任學會的會長，他聽到這個消息後，微笑著說：「以前，列文·虎克拒絕捐贈顯微鏡，卻在臨終前，做了一件讓人敬佩的事。」

在光學上的成就

　　牛頓最初成名主要是靠光學上的偉大成就。他在自然科學上的發明與發現，最早成熟的是關於光學的思想和研究，當他成為盧卡斯講座教授時，第一次授課的題目並不是《論無窮級數分析》，而是光學。

　　牛頓在上大學期間，已經開始了對光的研究。西元 1672 年，牛頓把自己的研究成果發表在《皇家學會哲學雜誌》上，這是他第一次公開發表的論文。

　　牛頓在發表論文前，曾為此準備了光學講課，並仔細地做了關於兩個平面玻璃之間和曲面玻璃與平面玻璃之間，充以空氣或水的折射實驗。他把曲率半徑很大的凸透鏡放在平板玻璃上，當用白光照射它時，見到透鏡與玻璃板接觸處出現一組彩色同心環，當用單色光照射時，則在接觸點處出現一組明暗相間的同心環，均勻照射卻得到了不均勻的光強分布。這便是光的干涉中的有名的牛頓環實驗。他在《光學講義》中寫道：

> 「當凸透鏡與平面玻璃之間的空氣或水受到壓力時，不僅在尖部屈服於壓力，而且也相繼地在尖部周圍產生幾個輕微的同心圓圈，這種同心圓圈也可能由玻璃狀液體的缺陷產生，因此薄膜變得鬆弛，或許由其他的原因也可產生，然而會小些。
>
> 「它們仍能將光線折射到視網膜上，於是顯示出不同的色環。色環的週期隨著薄膜厚度產生質的變化，而同一週期內的色環序列

因薄膜厚度的增加而由紫向紅依次量變。對於同一週期的同一種
彩色光環來說，空氣的最寬，水的次之，玻璃的最窄。」

牛頓認為並不是「玻璃的表面或任何平滑透明的物體在反射
光，光反射的原因是『以太』在玻璃和空氣或任何相容物體中的
差異」。

牛頓隨後又談到了「以太」的脈衝。脈衝包含著他對週期色
圈的力學解釋。脈衝並不是光，而是「以太」中的振動，是光粒
子打在薄膜的第一層表面上而引起的，它決定該粒子能否穿透第
二層表面。若可以，則為透射；若不能，則為反射。

牛頓成功地確定了光譜一端紫色與另一端紅色的脈衝比率，
這一比率一直是牛頓對固體的顏色，進行定量處理的實驗基礎。

牛頓對光的干涉現象又做了另外一個實驗。他左手拿一根細
管子，右手端一個肥皂水盒，當用管子對著肥皂水吹氣時，盆裡
就會出現很多泡泡。把肥皂水的泡泡放在陽光下，就會產生美麗
的環紋，於是他決定要研究其中的原理。

實驗後，他發現光透過透明的薄膜時，會產生一圈圈往外擴
展的五彩環紋，環紋與環紋間是以黑色隔開的。這些環紋還會依
光譜的順序排列，至於環紋的大小則因顏色不同而有差異。

經過無數次艱難的實驗，牛頓終於成功地用數學公式表明環
色與薄膜厚度的關係，也得到了光的干涉圖樣。

牛頓在皇家學會宣讀的論文中心論點認為，白色的光是通常的
顏色，這是由折射率不同的光線按照一定比例組合而成的。根據這
一論點，牛頓揭示出顏色的起源，從而得出一些非常重要的結論：

在光學上的成就

「顏色並非以往所認為的那樣，是從自然物體的折射或反射中所導出的光的性能，而是一種原始的、天生的，並在不同光線中有不同的性質。」

「有些光線傾向於顯示紅色而不顯示其他的顏色，有些傾向於顯示黃色，有些則顯示綠色等。那些顯著的顏色有它們固有的特殊光線，它們中間的各種色調也都有它們固有的特殊光線。」

自西元 1666 至 1670 年，他才完全研究出固體顏色的詳細情況。到西元 1670 年，牛頓在光學方面的創造性工作幾乎接近尾聲。

西元 1675 年 12 月，牛頓的另一篇關於光和顏色理論的新論文在皇家學會的會議上宣讀了。

牛頓的這篇新的關於光和顏色的論文探討了光的本性，提出了微粒說，無疑這是光學研究中的重要貢獻。

光的微粒說作為近代的一種科學上的光組成理論，與光的波動說並立，對後來光學和輻射的研究產生了重要影響。牛頓是近代學的微粒說的提出者，並在著名的波粒說爭論史上一度居於統治地位。

微粒說是牛頓在 17 世紀時發表的，他對光的本性是這樣認為的：光是由一顆顆像小彈丸一樣的機械微粒所組成的粒子流，發光物體接連不斷地向周圍空間，發射高速直線飛行的光粒子流，一旦這些光粒子進入人的眼睛，衝擊視網膜，就引起了視覺，這就是光的微粒說。

牛頓對光的微粒說的進一步研究發生在光學講課過程中。在西元 1670 年 4 月的光學講義中，他第一次提出不同顏色粉末的

混合實驗，不但用這種實驗證明他的顏色理論，而且清楚地印證了他的微粒說。他說：

> 「最後，通常觀察到不同顏色的粉末混在一起時，一種新的顏色就出現了。而且，如果用顯微鏡考察這些粉末，可看到全都是具有它們自己的顏色。因此，它們自己的顏色並未因這些粉末的混合而破壞，而卻是因為混合才有一種新的顏色產生出來。很清楚，同一種顏色是從幾個三稜鏡引起的顏色，及幾種粉末的顏色的混合所產生的。」

牛頓將光透過三稜鏡折射後的混合色，和粉末混合產生的顏色對比，說明光的組成和復合色由基色的混合所形成的道理。

他在向皇家學會報告的第一篇光學論文中，批駁了笛卡爾的光理論。他說如果光是由小球體組成並穿過以太，必然受到阻力，使其徑跡彎曲，但實驗中未發現其徑跡有曲度。因此，他逐漸排除這些猜測，著手做窗上開小孔的光學實驗。這篇論文沒有明確談他的微粒說，但包含著這樣的思想，以致引起虎克的批評。

但是，牛頓在西元 1672 年 6 月 11 日給奧爾登伯格的信中，談到虎克說他認為光是一個物體並將它說成是他的假設時，表示「我曾經寧願把它們看作光粒子的各種運動形式中大小，在大腦中激發的感覺模式，它是光粒子對感覺器官造成的各種機械的影像，像我在說光的形體的地方所表示的」，「但是，假定我提出了這個假設，我不了解虎克先生為什麼竟這樣竭力反對它」。

牛頓這段話是針對虎克指責他發表的第一篇光學論文中的命題所說的，牛頓認為光是實體的思想與他的光粒子說是符合的。

在光學上的成就

但是，在他的光和顏色理論受到虎克和惠更斯等人的批評後，他開始向以太說妥協，並一度由粒子和以太波的變化相結合的方法說明光和顏色。

牛頓在西元 1665 至 1666 年間發現顏色與光線折射的關係，他根據折射定律認識到光經過透鏡，分成多種折射的不同顏色光線，則透鏡成像必然產生色散像差，使折射式望遠鏡的清晰度減弱。

牛頓用微粒說輕而易舉地解釋了光的直進、反射和折射現象。由於微粒說通俗易懂，又能解釋常見的一些光學現象，所以很快獲得了人們的承認和支持。

牛頓由於了解了白光的組成，因而於西元 1668 年設計製成了第一架反射式望遠鏡。這種望遠鏡能反射較廣光譜範圍的光而無色差，容易獲得較大的口徑，同時對球差也有校正。這樣，牛頓為現代大型天文望遠鏡的製造奠定了基礎。此外，牛頓還考察了光線透過冰洲石的雙折射現象。

牛頓把對光學的研究理論整理成《光學》一書。《光學》的出版，使牛頓成為科學界的頭等人物。

與科學家哈雷會面

西元 1684 年 8 月，為解答一個天文學上的大難題，一直在獨立研究天體力學的著名科學家哈雷（Edmond Halley）訪問了劍橋。他想到唯一可能解決這一難題的就是那個不作聲的人——牛頓。

一見到牛頓，哈雷就直截了當地提出了，他急於得到答案的問題：「先生，假定引力隨著距離的平方而減小，那麼一個行星所遵循的軌道應是什麼樣的一條曲線？」

「橢圓。」牛頓簡明扼要地回答。

「那您是根據什麼得出結果的呢？」

「因為我已經計算過了。」牛頓自信地回答道，並對哈雷的驚訝有些不解。

「能否讓我看一下？」哈雷半信半疑地問。

「當然可以。」牛頓仍然回答得既平靜又簡單。

牛頓開始在抽屜裡找他兩年前的計算稿，從這個抽屜找到那個抽屜。哈雷目不轉睛地看著他到處亂翻，看到每個抽屜裡都亂七八糟地盛滿了各種文稿和資料，桌子上是各種書籍和做實驗用的儀器，還有一面製作得很精緻的用合金做成的反光鏡。

牛頓的房間總是亂糟糟的，凡是和牛頓交往的朋友都知道，這是牛頓的個人特點。東翻西翻地找了半天，最終也沒有找到那份計算稿。

與科學家哈雷會面

　　牛頓的東西真是太多了，他對這些東西的擺放從來都不用心，常常是做完了就隨手一丟。他從不把自己花了大量心血做的研究看得很神聖，而是把它當成一種消遣。他追求的不是結果，而是過程本身，即使他知道沒有結果就沒有過程，但他仍然不刻意追求它。

　　看著牛頓那副尷尬樣，哈雷勸他不要著急，慢慢地找，並和他說著閒話。牛頓最後還是沒有找到，只好向這位專程來訪者道歉。他怕哈雷失望，對哈雷說：「好吧，我把我手上的工作放下，重新做這個計算，將結果抄好後寄給您。」牛頓很守信用，重新查找和整理數據，憑著記憶，晝夜不停地計算。

　　三個月後，哈雷在倫敦果然收到了牛頓給他寄來的計算稿。哈雷急切地閱讀著這些，幾乎沒有幾個人能夠看得懂的公式和計算，越讀越興奮。當他讀完計算稿後，心中頓時有一種豁然開朗的感覺，鬱結在心中多年的問題一下子被解開了。

　　牛頓的推理和計算有條不紊，一環緊扣一環，一步緊接一步，這種強大的邏輯力量完全征服了哈雷，他由衷地佩服這位天才。

　　與此同時，哈雷也立即意識到，牛頓的這項重大成果對於揭開宇宙之謎，推進科學發展有著重大意義，不能讓它再埋沒下去了，應該立即公布於世。

　　沒有多長時間，哈雷又到劍橋訪問了牛頓。談話中，牛頓拿出一沓手稿給哈雷看，題目是《物體運動論》，說這是他最近的研究成果，準備用來講課。哈雷邊瀏覽邊稱讚。

手稿對行星運動的軌道問題進行了詳細的證明與討論，並且還把這些證明推廣到太陽系裡的一切天體。一個新的偉大理論體系的雛形已經顯現了。

哈雷請求牛頓把這些研究繼續下去，並且希望牛頓以後將研究成果寄給皇家學會，以便他們登記備案，確立其優先權。他說：「牛頓先生，您的這些成果太重要了，您不應該讓它們埋沒，您應該把它們公布出去。」

哈雷這種誠懇而又熱切的心情感動了牛頓，他答應了這個要求。哈雷即刻向皇家學會報告了這一消息，皇家學會也高度重視，專門派哈雷和佩吉特兩人負責提醒牛頓先生不要忘記自己的諾言。

此後，哈雷經常往返於劍橋和倫敦之間。牛頓按照哈雷的要求，對手稿進行了系統的整理，並對有些問題進行了重新考慮。

這些工作的結果是牛頓於西元 1684 至 1685 年間在劍橋作的一系列名為《論天體運動》的演講稿，並且牛頓將自己關於運動的命題的一部分內容寄給了皇家學會。

西元 1684 年年底，哈雷把牛頓在劍橋所作演講的主要內容向皇家學會作了報告，會員們聽後都覺得非常新奇並產生了濃厚的興趣。於是，皇家學會就請牛頓在可能的情況下，把他出版的論文寄一份去。

然而，大約也是在這個時候，牛頓在給朋友阿斯頓的信中抱怨說：「這一工作用的時間超出了我的預料，其中大量工作是毫無意義的。」即使如此，在哈雷的熱心敦促下，這一工作仍得以繼續下去。

完成科學著作《原理》

　　從西元 1685 年年初至西元 1686 年的 18 個月，牛頓總是踱步於他的書房裡，對周圍發生的任何事情都不關心。他還喜歡到花園裡去散步，但有時會突然停下來，好像發現了什麼似的，急匆匆地奔回樓上，人還沒有坐穩，便拿出筆來在紙上飛快地畫著，好像這些東西慢一點兒就會跑掉似的。

　　由於這段時間的努力，牛頓完成了科學史上的偉大著作，即牛頓的《自然哲學之數學原理》一書。

　　不知是巧合，或者是上天的安排，牛頓的這些偉大思想的孕育也經過了 18 個月，經過 20 年的辛勤勞動和不懈追求，這些偉大的思想終於成熟。現在，牛頓準備把這部凝聚了他 20 年心血和人類千百年智慧的偉大著作奉獻給人類了。

　　牛頓的偉大著作《自然哲學之數學原理》簡稱《原理》，其中就凝聚了哈雷的無私奉獻，記載了哈雷的高尚品質。

　　哈雷無疑是促成這部偉大著作誕生的人，在他的熱心宣傳、奔走和敦促之下，更多的人認識到出版這部著作對於人類發展的重要性。

　　皇家學會也起了積極作用。開始，皇家學會準備把牛頓的這些研究成果發表在《哲學學報》上，但在研究了前面的幾個部分之後，便決定出資把這部著作印成書本單獨出版。但是，就在這個時候，皇家學會經濟上發生了困難，缺乏足夠的資金出版這本書。

因此，哈雷便自費承擔了這個工作，雖然那時他自己也經濟拮据，還有妻子和沉重的家庭負擔，但是，為了科學事業，他毫不猶豫地拿出了這筆費用。

　　除了經濟上的幫助之外，哈雷還不斷給牛頓以精神上和工作上的幫助，幫助他排除阻力，鼓勵他完成研究，為他收集必要的天文資料、校訂清樣，並指出文中的含混之處，安排印刷和插圖等。

　　除了哈雷提供的動力之外，當時這部作品誕生的另一個重要條件也成熟了。

　　這就是在西元 1685 年年初，牛頓成功地證明了一條重要定理：「一個所有與球心等距離的點上的密度均相等的球體，在吸引一個外部質點時，其全部質量都集中在球心。」

　　這一定理的證明，解決了牛頓在證明萬有引力過程中困惑了多年的難題。

　　西元 1687 年 7 月，牛頓的偉大著作《原理》出版了。這次出版用的是學術界的國際語言拉丁文，版本 32 開，篇幅 500 頁，裡面有很多木刻圖表說明，印刷精緻，封面設計以對稱的花紋飾邊，有一種嚴謹的古典美。除著有作者艾薩克·牛頓的名字之外，還著有山繆·皮普斯（Samuel Pepys）的名字，作為皇家學會會長，他給了出版許可證。扉頁有牛頓的題詞：「謹以此書獻給詹姆士二世統治下的日益繁榮的皇家學會。」

　　當牛頓《原理》一書出版後，在學術界引起了巨大轟動，學者們對牛頓的學問非常的佩服，並把這本書稱為古今的傑作，認為他是世界上最偉大的天才。被譽為近代數學之父的拉克蘭也曾

完成科學著作《原理》

說過：「這真是古今的傑作，人類的偉業。他論旨的精密正確，更是無人能與他相提並論。」有一個蘇格蘭人，因為沒有買到這本書，竟然不惜精力和時間抄了整本書。

西元 1687 年上半年，這部傑作即將問世的傳聞遍及整個英國。在《原理》即將出版之前，《哲學學報》的一篇恢宏的評論，向那些尚未聽到傳聞的人宣告了它的問世。除牛頓本人之外，無人比哈雷更清楚著作的內容，因此，哈雷認為《原理》具有劃時代的意義。

哈雷讀到這部著作時，對其獨到的見解，無數次地表達強烈的驚訝。幾乎從著作出版的那一刻開始，連那些拒絕接受其中關於超距作用的主要論點的人，都認定這是一部具有劃時代意義的著作。

哈雷對自己作為這本書的編輯感到很滿意。他寫信對牛頓說：「我總算完成了您的傑作的出版工作，我希望能使您滿意，我將用您的名義把書送給皇家學會及波以耳、佩吉特、弗蘭姆特斯，以及其他在倫敦您需要致意的人。」

《原理》一書於西元 1713 年出第二版，西元 1725 年出第三版。各版均由牛頓本人作了增訂，並加序言。西元 1729 年，牛頓逝世兩年後，莫特將其譯成英文付印，就是現在所流行的英文本。後來又出現了多種文字的譯本，中譯本出版於西元 1931 年。西元 1802 年，又出現了根據《原理》第一版翻譯的英文譯本。

西元 1930 年，美國學者、科學史家卡爾里在莫特的英譯本基礎上用現代英文校訂出版，成為 20 世紀裡讀者群最大的《原理》標準版本。1960 年代初，美國科學史家科恩（Stanley Cohen）

和法國科學史家科瓦雷合作，根據《原理》第一版的英譯本，也推出了《原理》的現代英文版。

　　《原理》這本書鑄就了近代科學革命的里程碑，被人們推崇為經典力學的締造者。

　　在結構上，《原理》體現的是一種標準的體系，從最基本的定義和公理出發，第一編為全書的討論成為數學工具上的基礎，並把各種運動形式加以分類，詳細考察了每一種運動形式與力的關係。

　　第二編近一步考察了各種形式的阻力對運動的影響，討論地面上各種實際存在的力與運動的情況。

　　在第三編中，用前兩編中數學證明的命題由天文現象推演出，使物體傾向於太陽和行星的重力，再運用其他的數學命題，由這些力推算出行星、彗星、月球和海洋的運動。

　　在全書的最後，牛頓為之寫了一段「總釋」，集中表述了牛頓對於宇宙間萬物的根本原因：「萬有引力以及我們的宇宙為什麼是一個優美的體系的總原因的看法，集中表達了他對於上帝的存在和本質的見解。」

　　在寫作手法上，由於牛頓是一個用心專一的人，他在構建自己的體系時，雖然仿照了歐幾里得的《幾何原本》，但他是從自己的使命感出發，並解釋了自然現象，他沒有被那些純粹的形式化推理迷失自我。

　　牛頓是一位偉大的數學家，在數學上有一系列的成就，但他嚴格地把數學當作研究的工具，只是在有需要時才帶領讀者稍微做一點數學上的遠足。

完成科學著作《原理》

還有一點，牛頓沒有完全沉醉於純粹的哲學思想中，在《原理》中的命題都來自於現實世界，或是物理學方面的，或是天文學方面，或是數學層面的，也就是牛頓所理解的自然哲學層面的。

《原理》中全部的論述都是以命題的形式出現的，每一個命題都有證明或求解，所有的求證求解都是以數學形式出現的，在需要時還可以附加一些推論，而每一個推論又都有證明或求解。當牛頓認為某個問題在哲學上具有特殊意義時，他才另外加上附註，對問題加以說明或進一步推廣。

全書貫穿了牛頓和萊布尼茲（Gottfried Wilhelm Leibniz）分別研究並發明的數學方法——微積分，不過牛頓稱微積分為「流數」，這是牛頓的成就之一。它在科學史上佔有重要地位，因為它標誌著經典力學體系的建立。

《原理》不論從科學史還是人類文明史來看，都是一部劃時代的巨著。從人類文明史來考慮，它推動了英國工業革命的發展，在法國誘發了啟蒙運動和大革命，在社會生產力和基本社會制度兩方面都有直接而豐富的成果。到目前為止，還沒有哪個重要的科學和學術理論，能夠超過《原理》的。

從科學研究內部來看，《原理》是一種現代科學理論體系形成的樣板，包括理論體系結構、如何處理人與自然的關係、研究方法和研究態度等多個方面的內容。

在科學的歷史上，《原理》是人類掌握的第一個比較完整的科學的宇宙論和科學理論體系，其影響遍及了經典自然科學的所有領域，在以後的 300 年時間裡不斷取得了豐碩的成果。

《原理》的誕生使牛頓成為近代物理學界的一顆新星，並且使牛頓得以創立天體力學，牛頓也因此成了一位偉大的人物。

　　在牛頓生活的時代，人們普遍接受笛卡爾的自然哲學，因而，牛頓的一系列違背笛卡爾自然哲學的新理論，自然受到了學者們廣泛的懷疑。

　　於是，《原理》一書出版後，便遭到了宗教界人士的強烈反對。他們認為牛頓褻瀆了萬能的上帝，認為《原理》具有明顯的反神創論傾向。然而，事情並非他們想像的那樣惡劣，隨著時間的推移，眾多的天文現象證實了萬有引力定律的正確性。同時，也證明了牛頓的清白。

　　《原理》達到的理論高度是曾未出現過的，即使在後來也不多見。愛因斯坦（Albert Einstein）說過：「至今還沒有可能用一個同樣無所不包的統一概念，來代替牛頓的關於宇宙的統一概念。而要是沒有牛頓的明晰的體系，我們到現在為止所取得的收穫就會成為不可能。」

　　因而，無論從哪方面來探討，《原理》都是一部偉大的著作，它永遠都具有很高的價值。

關於著作權的論戰

西元 1686 年 4 月，牛頓的《自然哲學之數學原理》第一冊手稿被帶到了皇家學會，這不啻是一枚石破天驚的重磅炸彈，沒有什麼比喻能夠恰當地形容，這本毫無疑問是科學史上最偉大的著作了。

當牛頓將他的著作公開後，虎克的心裡卻不是滋味。一方面，他在行星運動理論的競爭中最終落敗，更不能容忍的是，他認為牛頓在平方反比定律的證明過程中，曾經從自己西元 1679 年的信裡得到過啟發，但牛頓沒有在文稿中提到他虎克的名字！

虎克的想法絕不是沒有理由的。在西元 1679 至 1680 年的通信裡，牛頓曾在落體問題上犯過嚴重的錯誤，他甚至把引力看作不隨距離變化的常量，還是虎克糾正了他。在虎克看來，牛頓至少應該在前言裡提一下他的名字。

牛頓其實是虎克的晚輩。早在西元 1662 年，虎克已成為英國新成立不久的皇家學會的實驗主管，負責演示皇家學會的實驗，並在次年成為學會會員。而此時牛頓還是劍橋的大學生。

西元 1669 年，牛頓當上劍橋的教授，開始講授他的光學研究。西元 1672 年年初，牛頓被選為皇家學會會員，他給學會寄去一篇證明白光是不同顏色光的混合的論文，提出光是由粒子組成的，遭到了認為光是一種波的虎克的猛烈抨擊。

牛頓無法忍受，威脅要退出學會。在學會的勸說並提出免去

牛頓應繳納的會費的條件下，牛頓才留了下來。

　　但是在西元 1675 年，牛頓發表的另一篇光學論文招來了虎克更猛烈的抨擊。虎克認為牛頓論文中的大部分內容是從他在西元 1665 年發表的《顯微圖譜》一書中的有關論述中搬來的，只是做了某些發揮。兩人進行了一番貌似彬彬有禮其實暗藏譏諷的通信。

　　牛頓在西元 1676 年 2 月 5 日致虎克的信中，寫道：「笛卡爾的光學研究邁出了很好的一步。你在一些方面又增添了許多，特別是對薄板顏色進行了哲學考慮。如果我看得更遠一點的話，是因為我站在巨人的肩膀上。」

　　後面這句話被認為是牛頓的謙虛，後來被許多人當成座右銘，但是如果我們知道牛頓其實看重實驗和數學計算，而蔑視虎克的哲學思考，並且虎克身材不高，背駝得很厲害的話，就可以明白牛頓的這句話並不是在恭維虎克。

　　這場爭論的結果是牛頓疏遠了皇家學會，而且決定等虎克死後再發表有關光學的論著，在這部虎克死後的第二年出版的著作中，牛頓完全不提虎克對薄板顏色研究的貢獻。

　　此時牛頓還是個剛剛嶄露頭角的年輕教授，面對前輩的批評他只能忍氣吞聲，西元 1687 年《原理》的出版才確立了牛頓作為英國科學界第一人的地位。

　　哈雷、虎克和著名建築師雷恩（Christopher Wren）都在研究萬有引力，也都認為引力的大小與距離的平方成反比，但是他們都無法從引力反比定律中推導出克卜勒行星定律。

關於著作權的論戰

西元 1684 年，哈雷為此到劍橋大學拜訪牛頓，牛頓告訴他自己早已解決了這個問題，但是沒有公開發表。在哈雷的勸說下，牛頓於西元 1686 年將其研究成果寫成專著《原理》交給皇家學會審閱。

虎克早在西元 1674 年曾經發表過一篇有關引力的論文，提出三條假設：所有天體彼此之間都存在引力；如果沒有引力的作用，天體將在慣性作用下做直線運動；物體之間距離越近，則引力越強。這幾乎是在定性描述萬有引力定律。

西元 1679 年，虎克寫信代表皇家學會向牛頓約稿時，進一步提到引力的大小與距離的平方成反比。

牛頓沒有參加那次皇家學會的會議，從哈雷的來信知悉虎克的要求後，牛頓承認虎克曾經在西元 1679 年的信中告訴他引力反比定律，但是虎克對這一定律的描述並不準確。

牛頓早在大約 20 年前就發現了這一定律，並寫信告訴了他人，並不需要從虎克那裡獲悉。

牛頓所說的是事實，他在西元 1665 年就已發現了萬有引力定律，並試圖用它計算月球的軌道。可惜當時測定的地球半徑是錯的，牛頓未能獲得滿意的計算結果，就暫時放棄了這一研究。西元 1670 年之後有了更準確的地球半徑數據，牛頓才重新研究引力問題。

在哈雷的斡旋下，牛頓的態度軟化，進一步承認虎克的來信刺激了他重新研究引力問題，並且承認虎克告訴了他一些他不知道的實驗結果。牛頓妥協提出在《原理》的有關部分加一條註解，說明引力反比定律也被雷恩、虎克和哈雷獨立地發現。

《原理》的出版給牛頓帶來了巨大的聲譽，也越發讓虎克覺得自己的貢獻沒有得到應有的承認。他在西元 1689 年 2 月 15 日的日記評論此事時，抱怨「利益沒有良心」。

西元 1690 年 2 月，在皇家學會的一次演講中，虎克諷刺道：「牛頓幫了我大忙，我本人多年前首先發現並向學會展示的引力性質，被他當成自己的發明印刷出版。」

西元 1703 年，虎克在備受疾病折磨後逝世。幾個月後，牛頓當選皇家學會會長，並計劃給學會找一個新地址。西元 1710 年，學會完成搬遷。

在虎克和牛頓的時代，科學剛剛草創，學術規範還未完善，難免經常出現優先權的爭執。虎克不僅和牛頓爭，也和荷蘭大科學家惠更斯（Christiaan Huygens）爭游絲錶的發明權。

對天體進行觀測

　　牛頓認真工作，一絲不苟，把所有精力都用在了研究上。在進行研究時，常常忘記吃飯，也經常工作到深夜，甚至為了想問題，一夜未眠。久而久之，他便失眠了，他也感到心力交瘁、精神恍惚。雖然有了失眠的困擾，但他還沒有忘記科學研究的工作，一旦研究起來便精神振奮，從不感到累。

　　牛頓為了證實萬有引力法則的方程式，就必須要實地觀測月亮。當時能夠觀察月亮的，就只有格林尼治天文臺一個地方而已。格林尼治天文臺是查理二世時建造的，設計者是佛蘭斯蒂德（John Flamsteed），建造完成後便由他擔任臺長。天文臺完工後，政府不再繼續撥款了，甚至還拖欠員工的薪資。

　　這時，天文臺還缺少許多設備，佛蘭斯蒂德只好親自到全國各地遊說，請求一些援助。他還兼職了幾份工作。

　　過了一段時間後，天文臺的設備、儀器都慢慢備齊了，工作人員的薪資也有了保證。但是所有的這一切，都是佛蘭斯蒂德一個人添置的，所以天文臺也就成了他個人的私有財產，任何學者或學會都無權要求他提供觀測結果。

　　牛頓是佛蘭斯蒂德的老朋友，所以當牛頓需要一些觀測資料時，他便毫不猶豫地寄給了牛頓，並且答應供應牛頓研究上所需要的任何資料。不過，他卻要求牛頓不可將觀測資料向他人透露，而且據觀測資料得到的理論也只能讓他一個人知道。

牛頓為了感謝佛蘭斯蒂德的大力相助，還特別贈送了他兩份曲折表，這是牛頓的一項重要發現，也是天文學者所必須具備的工具。在西元 1680 年至 1681 年冬天，天空中出現了一顆彗星，由於這顆彗星的出現而引起了爭執。只有一位科學家認為是一顆彗星，歐洲所有的天文學家都相信出現的是兩顆彗星。第一顆彗星在 11 月初的日出之前被發現，然後，消失在月末早晨的太陽之中。兩星期後，也就在 12 月中旬，另一顆彗星出現在傍晚時分，它正飛離太陽。12 月底，這顆彗星帶著尾巴，彗星尾巴寬度是月球的四倍。「我無法相信，所看見的是另一顆更大的彗星」，皇家天文學家佛蘭斯蒂德在給朋友的信中寫道。

　　那位例外的天文學家就是佛蘭斯蒂德，他認為兩顆彗星實際上就是同一顆，是前一顆在太陽附近改變了方向，這也說明了他的觀點與眾多天文學家的觀點不同。

　　佛蘭斯蒂德找不到支持他的理論，沒有人相信他的觀點。他只好去找牛頓，也就在這個時候，彗星引起了牛頓的好奇心。12 月 12 日，彗星第一次在傍晚出現的第四天，他就觀察並記錄下了有關彗星的情況。從那時起，他就每天都在觀察，直到彗星拖著長長的尾巴在 3 月消失。

　　空中留下的美麗景象久久地留在牛頓的想像中，而且時刻牽動著他的心，並在西元 1681 年持續了一段時間。作為對觀察的補充，他系統地收集了他人的觀察結果，並開始閱讀所有相關的著作：虎克、泰奧格尼斯（Theognis of Megara）、赫威留和佩迪德等人的著作。牛頓把對天空的觀察減少到只觀察一條軌跡。

對天體進行觀測

這時，他還給佛蘭斯蒂德寫了兩封長信，評價他的理論。

牛頓拒絕接受佛蘭斯蒂德的新理論。對佛蘭斯蒂德的理論——彗星不是環繞了太陽，而是在太陽前面改變了方向，牛頓有充分的理由表示反對，並且在信中加以說明。

就在一年前，牛頓已經從軌道運動力學上解決了行星圍繞太陽運動的問題。他現在不想對彗星提出同樣的看法。

但是，我們能感覺到他頭腦中萬有引力觀念的形成過程。很多人認為，彗星是來自於外界，並不屬於太陽系，也不受它的規律約束。虎克對於彗星作出解釋時，就把它從天體間的引力中排除了。哈雷在西元 1680 年也持相同看法。

牛頓給佛蘭斯蒂德的信中也提到了這一點，他只是將這種力視為太陽系的特例，太陽系包括相關的天體。這個時候他並沒有歸納出萬有引力定律。

這段時間牛頓和佛蘭斯蒂德的信件往來比較頻繁，他們的合作很愉快，但後來因為牛頓急於證實他的理論，頻頻催促佛蘭斯蒂德寄給他資料，佛蘭斯蒂德慢慢感覺到心力交瘁，力所不及，但仍對牛頓的理論評價極高。在他給牛頓的信上說：「我的工作就像在收集金砂一樣，而您卻將它淘洗成了純金，而且又做了進一步加工，使它變成了精美的、更加實用的成品。如果沒有您的細心思考，我的工作就可能變得沒有價值。」

他們兩人合作一段很長的時間之後，佛蘭斯蒂德因為辛勞過度，身體健康情況變得很糟，並患上很嚴重的頭痛症。

牛頓由於長期為精神衰弱所困擾，也知道疾病帶來的痛苦，他很及時地寫信給佛蘭斯蒂德，信中充滿同情與關懷：

親愛的佛蘭斯蒂德：

收到您的來信，知道您最近頭痛比較屬害，我非常的關切。弗多勒博士也曾有過這樣的困擾，他拿了一塊布纏住頭骨部分，使它感覺麻痺，這樣會感覺好一些，也許這是比較好的治療方法，您可以試一試。

佛蘭斯蒂德感覺到牛頓無微不至的關懷，他很想繼續為牛頓提供一些觀測資料，可是身體實在支撐不了，只好放棄。不過，還有其他原因，他一直都不太喜歡哈雷這個人，他擔心自己會成為哈雷的工具。由於佛蘭斯蒂德不再提供月球的觀測資料，牛頓的研究工作也只有暫時擱下。

雖然牛頓沒有與佛蘭斯蒂德繼續通信，但他對彗星的興趣還沒有消退。當西元 1682 年的彗星出現時，他認真觀察並記錄了它的位置。西元 1680 年以後的時間裡，牛頓系統地收集記錄有關彗星的訊息，用標題進行了分類，比如，與太陽相對的算為一類。

牛頓改變了對彗星軌跡的看法。他斷言太陽和行星的向心引力與距離成平方反比，並且認定太陽的引力要比行星大得多。同時，在一系列關於彗星的論述中，他放棄了彗星的直線軌跡的見解，並接受其曲線軌跡。最大曲點與近日點相合。如果彗星返回，曲線就是一個「橢圓」，如果不返回，那麼它就接近一條雙曲線了。無論牛頓在西元 1681 年春天是如何勉強，他還是發現了行星軌道動力學可以應用於彗星。

西元 1695 年 9 月，牛頓寫了一封信，信中對佛蘭斯蒂德說：

對天體進行觀測

哈雷根據我研究的結果，推算出他在西元 1683 年算出來的彗星
軌道，和你的觀測結果是相同的，對你所提供的資料表示感謝。
前些日子我從家鄉回來，最近還想再去玩一玩，恐怕對月球問題
的研究還要放一放，剛好你可以趁這個機會，好好養身。

這是牛頓給佛蘭斯蒂德的最後一封信，自此以後，兩人就沒
有書信來往了。

《光學》出版發行

　　牛頓非常敬重克里斯蒂安・惠更斯，說他是「德高望重的惠更斯」。惠更斯是荷蘭數學家、物理學家和天文學家，他對光學有著很深的研究，對牛頓產生過深刻的影響。

　　惠更斯在訪問倫敦時期和牛頓結識，而他和牛頓在光學上的爭論也推進了科學研究的深入，給後人以許多啟迪。

　　當時光的波動說和微粒說之爭的勝負關鍵，在於哪種學說能夠更多地解釋有關現象。兩種學說在這方面各有優點，也各有不能解釋的缺點。

　　牛頓出版的成熟著作《光學》第三編最後一個部分，提出了各種各樣的疑問。在疑問中牛頓提出：「光線是否是發光物質發射出來的很小的物體？因為這樣一些物體能直線穿過均勻媒質，而不會彎到影子區域裡去，這正是光的本性。」接著他又指出：「它們也能具有幾種特性，並將在穿過不同媒質時保持它們的這些特性，這是光線的另一條件。」

　　《光學》中的疑問都是牛頓深思熟慮但仍有懷疑的問題，從這些地方可以看出牛頓對光的本性是真正理解的。

　　在當時，關於光的本性問題並沒有得出結論，而在他們死後這個問題仍一直爭論不休。

　　18 世紀，這兩派物理學家爭論的結果是微粒說勝利了，部分原因是惠更斯沒能夠用足夠的數學嚴密性來發展他的觀點，另一部分

原因是牛頓在他的同輩人中的權威超過了惠更斯，使之無力反擊。

到了 19 世紀以後，光的波動說在大量事實的支持下，不但被人們重新提出，而且占據了統治地位。在這些事實中，英國物理學家托馬斯‧楊（Thomas Young）發現的光的干涉現象起了關鍵性作用。

然而到了 20 世紀初，愛因斯坦提出的光量子理論，對光的本性給出了結論，結束了這個持續兩百年之久的爭論。

《光學》是牛頓對早期研究成果的總結。在任皇家造幣廠廠長和皇家學會會長工作之餘，他就把自己關進書房，苦心鑽研，終於將自己一直以來對光學的研究集結成書。

《光學》的手稿還曾一度被焚燒。之所以它能夠再次成書，完全得歸功於牛頓驚人的耐力和毅力。

從《光學》的梗概可見，牛頓首先著力於對光現象之實驗觀察結果的唯象描述，在此基礎上再提出命題或問題，總結成公理和定理，以作為對光現象的理性描述；而對於命題、公理、定理，主要還是透過實驗觀察予以證明和進一步的探討。

所以，《光學》是一部典型的實驗科學之優秀範本。恰如為該書撰寫導言的惠塔克（Sir Frederick Whitaker）的贊語：該書體現了「理論功夫與實驗本領的奇妙結合」，其中有「天才直覺的至高無上的範例」。而愛因斯坦稱該書作者「把實驗家、理論家、工匠和著作能手兼於一身」，書中的「每句話和每幅圖都顯示出他的創造樂趣和精微的準確性」。

《光學》是牛頓最重要的著作。雖然這部巨著是在西元 1704

年出版的，但實際上它的主要思想和基本理論都是在西元 1666 至 1676 年這一段時期形成的。

　　牛頓之所以推遲發表，主要原因是不願虎克在世的時候，因他發表任何東西而引起無謂的爭論。他與虎克之間有著很深的成見，既聰明乖巧又充滿嫉妒心的虎克對牛頓提出的論文，尤其是光學方面的，總要加以非難，甚至說牛頓剽竊了他的思想，對此，牛頓感到非常煩惱。

　　西元 1703 年虎克在長期患病後與世長辭。第二年，牛頓就決定發表他的這部巨著。在序言裡，牛頓寫道：「為了避免對這些論點的無謂爭論，我推遲了這部書的公開發行，如果沒有朋友們的敦促，可能還要推遲一段時間。」

　　《光學》的全名是《光學或光的反射、折射、彎曲與顏色的論述》，它探討了「迄今為止光學中談論過的一切」。

　　《光學》詳盡地詮釋了這「光色理論」，除給予色散現象以科學解釋並對虹霓作出定量分析外，還剖解了視覺的成因和眼睛的作用機制，而且在驗證光分解的同時又用實驗表明光的再合成。所有這些，都成為牛頓之後十分完善的顏色理論，以及光譜學的主要基石。當然，書中又明確闡述了光的反射定律和折射定律，以及關於全反射、透鏡成像等現象的一系列原理。

　　《光學》的語言和行文質樸而平實，記錄了牛頓在光學研究上的全部「個人活動」。全書共分為三編。

　　第一編首先列舉「定義」和「公理」，然後討論一般的折射與反射，太陽光譜與反光望遠鏡。從八個定義和八個公理開始，

按順序對他關於光和色的主要發現和理論進行了闡述。

第二編研討薄膜的顏色，中心論題是討論被稱為「牛頓圈」的現象，實際上是討論光的干涉效應。同時還對自然物體的永久顏色，以及它們和薄透明板的顏色之間的類似性作了討論，作出了物質的最小的，不可能再細分的組成部分一定是透明的，它們的大小可以用光學方法推斷出來。

第三編討論光的衍射、晶體內部折射和一般哲學問題，最後列舉了 31 個「疑問」。

在全書末尾，牛頓專門論述了自然哲學的兩種研究方法：分析法和綜合法。與《原理》相比，《光學》更偏重於分析，牛頓有時把光學歸於「實驗哲學」。

牛頓指出，對於困難的研究課題，「總是應當先用分析法，然後才用綜合法」。分析的方法「包括做實驗和觀察，用歸納法從中作出普遍的結論」；用分析法論證，「一般總是從結果到原因，從特殊原因到普遍原因，一直論證到普遍的原因為止」。

至於綜合的方法，則「假定原因已經找到，並且把它們立為原理，再用原理去解釋由它們發生的現象，同時證明這些解釋的正確性」。

即使牛頓聲稱「在實驗哲學中不應當考慮什麼假說」，但在《光學》一書裡，關於他自己所作的假說，並用以解釋種種光學現象的文字比比皆是。

實際上，無論在分析和歸納的過程中，還是在綜合和演繹的過程中，都需要理論思維和數學工具，都必須尋根究底和解析因

果；在尋找普遍原因或論證普遍法則和一般定律時，都必須憑藉科學的假說。

牛頓確是這樣做的，但他又強調不把「虛構假說」作為主要依據，反過來卻是竭力謀求證實所作假說的可靠性。

因此，他著重探討光的本性、追究引力等吸引作用的起因，其目的在於揭示宇宙的普遍規律與和諧結構，解決一些力學和光學的基本問題。

在西元 1717 年第二版修訂中，他又加上了這樣一段話：「這些原則我不認為帶有什麼神祕性，只是萬物形成的自然法則罷了，雖然人們還沒有發現真理，只是用想像昭示而已。現象是客觀的，只是引起現象的原因顯得有點神祕罷了。」

這些話表明了牛頓寫作這部著作的指導思想和思維方法。牛頓的《光學》一書在科學史上占有非常重要的位置，不僅是由於他論述了「迄今為止光學中談論過的一切」，從理論上進行了概括和總結，還在於他的科學探索精神。

這種探索精神集中體現在《光學》出版第二版時，他在結尾部分加的疑問上。他寫道：「在第三編的末尾我加進了一些問題，我之所以用提問的方式把它說了出來，乃是因為缺乏實驗，我對它尚不感到滿意的緣故。」

這些問題雖然名為疑問，實際上卻是牛頓多年研究的結果，是他深思熟慮但感到仍須深入探討的一些問題，範圍之廣超過了光學，涉及自然界諸多的其他現象。

後人認為，疑問是這部著作的特色所在。疑問帶有猜想的性

質，對後來的科學研究有很大的啟發。

　　科學的發展證明，牛頓的這些天才猜想很多都是正確的，或者提供了極為有益的啟發。即使有些被證明是不正確的，但是，這是由歷史的侷限性所造成的，對任何一個偉大人物都是不可避免的。

　　如果不是這樣，反倒令人感到不可思議了。《光學》出版之後，於西元 1717 年、西元 1721 年和西元 1730 年分別修訂再版。

　　愛因斯坦為其寫過前言，對牛頓及其光學成就作了高度的評價：「幸運啊牛頓，幸福啊科學的童年！誰要是用閒暇和寧靜來讀這本書，就會重新生活於偉大的牛頓在他青年時代所經歷的那些奇妙的事件當中。他把實驗家、理論家、工匠和並非最不重要的講解能手兼於一身。他在我們面前顯得很堅強，有信心，而孤獨；他的創造樂趣和細緻精密都顯現在每一個名詞和每一幅插圖之中。」

　　《光學》一書不僅是牛頓對於光學諸多建樹的確切記錄，而且也是他所崇尚的科學研究方法的真實反映，更是他那探索大自然的「內心思想活動」所透視出來的「偉人智慧光芒」的可貴聚斂。

　　《光學》對於後來的科學研究者影響之大超乎人們的想像，而且，它的科學影響不只侷限於光學領域，其他領域的研究也不同程度地受到了它的啟發和引導。因而，《光學》一書的價值是難以估量的。

理性涉足煉金實驗

煉金術是牛頓自然哲學的重要組成部分。牛頓的煉金術研究從一開始就是以波以耳微粒哲學為理論基礎而展開的。

此前，他已經大量閱讀了波以耳的化學著作與自然哲學著作，對物質理論以及與之密切相關的煉金術嬗變發生了濃厚興趣，撰寫了一本化學術語詞典，並在隨後相當長的時間裡不斷予以補充，以備自己查用。

波以耳重視考察微粒的空間性質以及作用劑的滲透性，而牛頓則認為物體的內聚性是因為有種種粒子力存在。因此，牛頓在煉金實驗中重視考察作用劑的腐蝕性，加強對酸的研究。

說到煉金術，人們往往將它和魔法及巫術聯繫起來，認為那是一種很神祕的接近於宗教的東西，不過那是在中世紀的情況。

進入 17 世紀，煉金術在某些方面已經向化學方向轉變，對煉金術的研究漸漸向理性轉變，有很多化學儀器的前身都是煉金儀器。

牛頓在這個時期接觸到了煉金術，並使煉金術得到了進一步的發展。他之所以接觸到煉金術，完全是因為巴羅教授，關於這點還有一段鮮為人知的故事。

有一天，牛頓敬愛的導師和親密的朋友巴羅教授急匆匆地來找牛頓。巴羅一進門就開門見山地問：「牛頓，你聽說過煉金術嗎？」牛頓想了想說：「知道一點，以前在您的圖書室裡讀過波

以耳先生寫的《懷疑的化學》和《形式和質料的起源》，多少對它有些了解。」

巴羅一聽特別興奮，用力拍著牛頓的肩，說道：「那太好了，牛頓！你是一個很聰明、很有見解的人，像現在這樣陷在無休無止的爭論中，將不利於你的全面發展；所以，你應該考慮一下動動腦筋，做點別的研究，開闊一下思路。」

「開闊思路？怎麼開闊？」

牛頓不解地問。

「我看你就試著研究一下煉金術吧。」

巴羅教授的建議實在讓牛頓大吃一驚，他問道：「什麼？研究煉金術？可是……」

巴羅堅定地重複了一遍剛才說過的話：「對！研究煉金術！」

牛頓有點不情願地反問道：「可是，那會對我有什麼幫助呢？」

巴羅笑了笑，語重心長地說：「你這樣問，就說明你沒有真正讀懂波以耳的書。其實，煉金術是一門很有用的學問，它能幫你找到許多別的方法。這些新方法將大大有助於解決你在自然爭論中所遇到的問題。你明白嗎？」

「哦，原來是這樣！」

這下牛頓可來了精神，他笑著說：「真有這麼神的話，我可真得試一試。先生，您就等著聽我的好消息吧！」

牛頓滿腔的熱情一下子湧了上來，就像葉茲所說的那樣：「牛頓在物理和數學上自然的奇異探索，不能完全滿足他的要求，他

將要透過煉金術的道路來引入更高的程度了。」

17 世紀 60 年代牛頓就開始讀波以耳的著作，在去倫敦的路上，他還買了本煉金術文集《化學論文集》和兩個爐子、玻璃裝置及化學品，並把位於三一學院大門旁的花園一角的舊房子改成實驗室，開始做起了一個道地的煉金術士。

無論煉金術對牛頓還有其他什麼意義，他總是相信，他讀的論文內容是材料物質經歷的變化。他的目的是，透過五花八門的想像，找出這門技藝的所有闡述都能通用的工藝。

這樣的論斷並不是說他所追求的化學，可以被當時的科學團體所接受，也不是說 20 世紀的科學家甚至會願意承認那是化學。然而，牛頓的確領悟到了，構成這門技藝內涵的，是化學工藝，而不是化學工藝術語包含的神祕經驗。於是，他在閱讀煉金術文獻的同時，在實驗室開始實驗。

牛頓花費了令人不可思議、不可理解的時間和精力去研究煉金術和化學。除了去講課，以及不得不回去睡覺的時候，其餘所有時間牛頓都待在實驗室裡，一日三餐都由僕人送到實驗室來，有時為了節省時間他一天只吃一頓飯。

在這個煉金室裡，牛頓做了大量的化學實驗，甚至還提出了一系列的化學符號和有關的表示符號。他還寫了很多的化學手稿和論文。

然而，不幸的事情發生了。西元 1692 年 1 月的一天，牛頓在去教堂禮拜的時候，他的實驗室著火了，等到他趕到時，實驗室變成了一片焦土爛瓦。牛頓流著淚，發瘋似的在裡面找他的光

學手稿和化學手稿以及部分論文，但結果是可想而知的。

痛心的牛頓以後再也沒有寫過化學手稿和有關論文。

據後來研究牛頓的學者統計，牛頓一生中用在化學方面的時間加起來超過 10 年。

在現在的化學方程式中所使用的加熱符號都是煉金術中表示火的符號「△」。

化學就是從煉金術演變來的。可見，說煉金術是化學的前身一點也不過分。

其實試圖把化學從煉金術中分離出來的就是牛頓，因為他曾經寫過一本名叫《化學》的書。

牛頓生前也留下了上千萬字的煉金術手稿，有些科學史家認為，牛頓對煉金術的興趣完全是出於抽象的哲學和宗教目的，由於同煉金術沾上了邊，這讓牛頓在科學界的聲譽蒙受玷汙。

牛頓作為一個科學家，探索科學是他的愛好。他研究數學，人們稱他數學家；他研究自然哲學，人們稱他物理學家。但為什麼他研究化學有的人就叫他魔法師、煉金術士呢？

其實事實是這樣的，在 17 世紀，煉金術和化學摻雜在一起，因為這時的化學還沒有從煉金術中脫離出來，一個人要想研究化學而不接觸煉金術是不可能的。

因為沒有人可以找出一本 17 世紀的沒有煉金術內容的化學著作。而牛頓對於化學充滿了求知慾，所以他像研究數學、物理那樣去研究化學，而可以供他參考自學的書只有煉金術著作，所以他不得不選擇煉金術。

如果當時的化學是獨立於煉金術的話，那麼他難道會放著理性的化學不去探索反而去學那些神祕的煉金術？別人不敢說，至少牛頓不會。因為牛頓做事向來一絲不苟，嚴謹是他的作風。

在歷史上，一些最為偉大的科學家不僅相信鉛變金的可能性，而且還認為一些現在被當作超自然學說，如：占星術和預言能力的思想是真實的。

就牛頓的煉金術而言，一方面，與江湖煉金術士關心造金形成對照的是，牛頓最感興趣的則莫過於毀金。在他的工作中，煉金術實驗最終是否成功，不是按照造金的標準而是按照毀金的標準來進行判斷的。

另一方面，牛頓的煉金實驗本質上是一種精神上的關注，因為牛頓持有非正統的基督教觀點，他是反三位一體論者，認為基督是上帝創造的凡人而不是上帝的化身，所以他也認為超自然思想是真實的。此外，牛頓對一些神學書中的聖經預言也感興趣。

在科學革命時期，自然哲學並沒有統一的範式，幾乎每一位卓越的自然哲學家都有其自身的思想體系，有其自身的自然哲學體系。同樣，當時的煉金術研究也沒有統一的傳統或範式。

如果牛頓在其煉金術著作中持有強烈的宗教觀點，這也許沒什麼令人感到驚訝的。

牛頓涉獵於化學的所有主要分科，包括他在化學技術、冶金術方面的所有著作及其在煉金術方面的研究，這些都會對他在其他方面的興趣提供了一種更加平衡的、自認為更加合理的觀念。

一些歷史學家一直不願意對牛頓的煉金術正眼相看，並對牛

理性涉足煉金實驗

頓煉金術一定與其公開闡述過的物質理論，存在著內在聯繫這種見解嗤之以鼻。

事實上，牛頓是將煉金術當作一個至關重要的砝碼，以填補古代與當時原子論的種種不足之處。而這些不足之處涉及內聚性與活性，生命與生長以及上帝的支配與庇佑。

而他對煉金術、神學、形而上學以及觀測方面的探索，促使他逐漸形成了他對於物質的性質，以及同物質相關的種種動力的最後結論。

牛頓早期的實驗是以波以耳理論為基礎的，也許，其中還有邁可爾·美爾的影響，旨在從各種金屬中提取汞。他曾用不同方法提取汞，還曾用更高級的煉金術方法做過馬爾斯星塊，即鐵製銻塊的實驗。

牛頓在煉金術中還碰到了另一個與機械哲學水火不相容的概念。機械哲學堅持物質的慣性，因而只有機械學原理決定其運動。而煉金術認定物質中存在活性成分，它是自然想像的主要作用因素。特別是它認定存在一種活化劑，點石成金，這就是煉金術的目標。

牛頓從事煉金術研究，其動機絕不在於煉得黃金，事實上，這種動機與他從事力學、光學、天文學研究的動機並無分別，即了解物質與自然之謎並以此「更佳地侍奉上帝」。

因此，應該將牛頓的煉金術手稿性質解釋為牛頓的化學。因為當時尚缺乏適用的化學語言，因而，牛頓借用煉金術語言表述其化學思想。

牛頓的出發點是對的，只有對物質本身的組成和變化規律進行研究，才有可能揭示光和萬有引力的本質。萬有引力產生的原因到今天也沒有解決，在牛頓時代更不可能解決上述問題。雖然牛頓在長期開展煉金術研究中一無所獲，但牛頓鑽研科學問題的精神值得我們學習。我們不難相信，牛頓憑他驚人的精力和卓越的才華，完全可能因為一部《化學》而躋身於科學史上著名的化學家的行列。

被選為國會新議員

牛頓的《原理》出版後不久，哈雷發現這位巨人已是筋疲力盡了，因此勸他暫時脫離科學研究工作，靜心休息一段時間。經過多次督促，牛頓終於接受了朋友的勸告，準備休養一段時間。

這時的英國社會已經在革命中建立了世界上第一個資產階級的社會制度。西元 1689 年，國會選舉新議員，牛頓被校方選為代表劍橋的國會議員。在 47 歲的時候，他被選為國會議員，離開劍橋，來到了倫敦。但是，牛頓在議員生活中，過得並不愉快。他原本是一位以研究為生活重心的科學家，如今要他離開實驗室，整天為開會及接待客人而忙碌，實在是很痛苦的一件事。

由於牛頓對於政治沒有絲毫的興趣，所以在擔任議員的一年當中他幾乎都保持沉默，從來不曾在議會中發表任何演說，他僅僅說過一句話：「守衛長，麻煩您將窗戶關好。」

牛頓雖然在議會中沒有發表過任何言論，但他所代表的自由與民權的鬥士，仍是一股巨大的力量。文豪馬克列曾說：

「在默默無聞的議員中，牛頓那突出的額頭和沉痛的表情，表現了維護學術自由與宗教自由的強硬態度。」

牛頓在當了國會議員後，生活還是非常窮困，劍橋大學的教授們很同情他的處境，都為他奔走。但經過種種努力，仍無法替牛頓找到好的職位。

由於牛頓對一些政務工作不怎麼了解，還可能是由於他的性

格內向，原本就不愛說話，因此他在議會當中是一個可有可無的人。

然而，倫敦的社會場景給他帶來了新的生活內容，也帶來了新的觀念，他的思想開始慢慢改變，他不再總是一個人蹲在實驗室裡做實驗或者坐在書房裡寫作。

他交往的人多了，並且經常被邀請出席皇家學會會議，和老朋友聚會，和新朋友結識。還接觸了一些上流社會的人物，其中包括王公大臣、皇親貴族、政府官員。

自從牛頓發明了第一架反射式望遠鏡開始一直到《原理》出版流傳，他在英國科學界已經非常出名，在社會上也有些名氣了。雖然牛頓為英國做出了這麼大的貢獻，在社會上有了這樣的名氣，可是因為沒有錢、沒有地位、沒有身分，牛頓仍無法過上英國上流社會的生活。

不管怎樣，隨著牛頓在倫敦生活環境的改變和交往的頻繁，他的應酬變得也越來越多，他在伍爾索普家鄉的弟弟妹妹們以及親戚朋友以為牛頓進入了上流社會，紛紛伸出手來希望他接濟；而牛頓又是一個本不看重錢財的人，因而每次都慷慨解囊。但是這樣一來，他的財政就出現了危機。

在任國會議員期間的主要收入仍然是教職收入，他還沒有辭去盧卡斯講座教授的職位，他還需要經常回到劍橋大學去講課或者做研究工作。

當時他的年薪收入約 200 英鎊，對於一般人來說這筆收入是可觀的，但是要拿到上層社會去，卻是捉襟見肘的。只有到這個時候，牛頓才感到了錢和地位的重要。

被選為國會新議員

西元 1696 年，牛頓的生活發生了翻天覆地的變化，他由一位躲在書齋裡的學者搖身一變，成了官場上的風雲人物。3 月 19 日，一封載著幸運的信件送到了牛頓手上，這是蒙德科寫來的。信中寫道：

> 由於造幣局監督奧博特裡先生，調任海關稅務委員會委員，原來的職位因此出缺。前一陣子國王向我表示，要請你繼任造幣局監督，不知你覺得如何？
>
> 我認為這職位很適合你，而且這是一個僅次於局長的職位，年薪為五六百鎊，這裡的工作不會太繁忙，所以不會占用你多少時間。
>
> 請盡快來倫敦，一切必要的手續我會替你辦。

蒙德科是牛頓曾教過的學生，他畢業後選擇了從政，一路高升。17 世紀 90 年代末，他對英國的政務有著重要影響。他與牛頓的私人交情很深。

英國自伊麗莎白女王（Elizabeth II）時代採取金本位制以來，因為銀幣是用粗劣的合金製成的，所以常常被偽造，以致銀幣價值一落千丈，物價飛漲，人民生活困苦不堪，對國外的信用也喪失殆盡。

在這種情形下，國會透過了鑄造新銀幣來代替舊銀幣的提案。這樣，貨幣改造問題，就成為英國的重大問題之一。而蒙德科為表現他的才幹，便委託牛頓擔負這一重要任務。

西元 1696 年 1 月 21 日，牛頓被任命為鑄幣廠督辦，他決定親自投入重新鑄造貨幣的工作。

牛頓在了解鑄造銀幣的過程後，便開始研究新的鑄造方法。

他過去一度熱心於煉金術，也就是將各種金屬放在容器裡混合、加熱、提煉，試圖從中提煉出金子。雖然煉金的結果沒有煉出真正的金子，但那段經歷卻給牛頓的鑄幣工作提供了難得的經驗。

對他來說，這是一件相當辛苦的事情，三十幾年來，牛頓一直在講堂和研究室為科學真理獻身。現在，面對陌生的政府行政工作，他感覺有點不太習慣。但牛頓的個性是不管哪一件事，只要他負起責任來，就一定要做好，否則心裡會很過意不去的。

沒多久，牛頓就想出了一個新的鑄幣方法。他把舊的銀幣放進大熔爐裡，等它熔化後再倒進預先鑄好的銀幣模子裡，這樣一來，銀幣的形狀、大小、重量就統一了。

新的銀幣由於鑄幣方法複雜，所以很難被偽造，英國的經濟自此逐漸復甦了。

從歷史的角度來看，貨幣重鑄工作與《原理》一書相比，只是一件平庸的事情。但即使如此，這卻是牛頓自己的選擇。

牛頓天生就是一個行政管理人才，由於他的到任，造幣廠受益匪淺。貨幣重鑄工作進展不佳，即建立五個臨時地方造幣廠，以加速新幣在全國的發行。

當牛頓到職時，這些地方造幣廠的進度大大落後於計劃，財政部對它們的壓力很大，整頓這些造幣廠是牛頓著手進行的工作之一。

對於這些工廠的成功運作，牛頓所發揮作用的程度恐怕無法精確表述，他發揮作用的證據，主要還是靠時間來表明。實際上，牛頓到職不足三個月，這些工廠就開始正常運行了，當然造

被選為國會新議員

幣廠的工作人員並非僅牛頓一人。

後來，牛頓從造幣廠督辦升為廠長。從督辦升任為廠長，在造幣廠可以說是空前絕後。不過，牛頓仍是劍橋大學的研究員、教授。

實際上，三年半的時間足以將牛頓改變成一名道地的公務員。牛頓不但根本不想重返劍橋，而且還企圖謀取地位更高的廠長職位，達到其繼續留在倫敦的目的。

西元 1701 年 12 月 10 日，牛頓終於辭去劍橋大學的教授和研究員職務。這一年，鑄幣的工作量很大，牛頓作為廠長的收入幾乎達到了 3,500 英鎊，相比之下，劍橋大學的收入實在微不足道。

造幣廠廠長還有另一個義務，即在下院出任議員。這樣，牛頓就可以在下院中支持政府。西元 1698 年正值選舉年，牛頓來到劍橋大學，不過他沒有參加議員競選。

西元 1701 年，牛頓競選議員並獲得成功，自 12 月 20 日起擔任議員職務。就像在以前的國會會議中一樣，牛頓在各方面都不突出。

西元 1702 年夏，牛頓給他的一位朋友寫了一封信，信中指出，他拒絕返回劍橋公開參加新的一輪競選。當時安妮女王（Queen Anne）在選舉中強化遵奉國教的觀念，也許這對牛頓作出上述決定起了一定作用。

西元 1703 年 11 月 30 日聖安德魯節這一天，牛頓順利地當選為皇家學會會長。安妮女王的丈夫喬治公爵（Prince George of Denmark and Norway），對於科學相當有興趣，所以在牛頓擔任皇家學會會長的第二年，喬治公爵便加入了學會。

西元 1705 年，安妮女王親臨劍橋，授封牛頓為爵士，牛頓便成了英國史上第一位被封為爵士的科學家。於是，造幣廠廠長、皇家學會會長、爵士，牛頓成了名噪一時的風雲人物。

　　牛頓雖然得到了英國史上最高的榮譽，但是他生性淡泊名利，從不因為擁有如此崇高的成就而驕傲。相反，他比以前更謙虛、寬厚，更樂於助人了。

出色的皇家協會會長

　　牛頓是自造幣廠建立以來最出色、最有能力的廠長，他總是認真地對待自己的工作。雖然人們為科學界從此失去一個重量級人物而嘆息，但牛頓卻以實際行動駁斥了「數學家缺乏實際頭腦」的愚蠢說法。升任造幣廠廠長後，牛頓已經沒有精力繼續從事在劍橋大學的研究和教學工作，他決定不再做下去了。

　　可是，這個講座由誰來接替他主持下去呢？當年，牛頓的老師巴羅教授主動將位子讓給牛頓，可謂慧眼識英才，現在，牛頓也想退位了，他必須找一個信得過，又有真才實學的人。

　　他首先想到了自己的一個忠實的追隨者，此人名叫慧斯頓。「慧斯頓，我找你來想和你商量個事情。」牛頓把慧斯頓叫到家中，和他面對面談起來。「先生，什麼事？您說吧。」

　　「你知道，我剛剛升任了造幣廠廠長，這個職務雖高，但責任也大，要辦的事比以前多得多。我也漸漸老了，體力、精力都有限，劍橋這邊的事恐怕就沒有精力再支撐下去。叫你來，就是想推薦你接替我在劍橋的職位，繼任盧卡斯數學講座教授。」

　　「什麼？盧卡斯數學講座教授？」慧斯頓簡直不敢相信自己的耳朵。

　　「讓我接替？」盧卡斯講座的成立源自劍橋大學盧卡斯教授，他在臨終時的遺囑裡設立了這個教席，並且規定，盧卡斯講座必須由三一學院最出色的教授執教，教授每年可以從盧卡斯的遺產

中獲得 100 英鎊的津貼。

榮獲這一殊榮的第一位教授便是巴羅，而牛頓則是第二位。

對於任何科學家而言，這個職位無疑都是充滿誘惑性的，它意味著榮譽和地位。牛頓那堅決的語氣，使慧斯頓增強了信心。在片刻的考慮過後，慧斯頓爽快地答應下來。

「好好做吧，年輕人，我相信你一定能做得出色，衷心祝福你。」

兩個人緊緊地握了握手，就這樣達成了默契。

西元 1701 年 12 月 10 日，牛頓正式辭去盧卡斯教授一職，由慧斯頓接替。雖然退出了劍橋大學，但牛頓並沒有退出整個學術界，他還有許多事要做。

西元 1703 年，牛頓的老對手虎克去世了，這為牛頓當選皇家學會會長清除了障礙，11 月 30 日聖安德魯節這一天，他順利當選為皇家學會會長。

西元 1704 年 2 月 16 日，牛頓以皇家學會會長的身分，給學會帶來了他的第二部巨著，即《光學》。英國皇家學會成立於西元 1660 年，它完全由一流的學者組成，是世界上最早的科學團體之一，它為當時的英國，乃至世界的科技發展造成了推動作用。

英國皇家學會可以稱得上是英國科學的心臟。在當時複雜的政治狀況下，牛頓深知，要做好這個會長絕不是件容易的事。

牛頓當選為會長後，學會在 12 月 8 日召開了第一次會議，可當時牛頓並沒有參加。直到 12 月 15 日，他才出現在會場上，之後他即刻執掌了帥印。

出色的皇家協會會長

　　牛頓把在造幣廠所表現的品質以及管理才能帶到了皇家學會，同時本能地感到他無法將自己同意承擔的義務棄之不理。在皇家學會歷來的管理上，亨裡‧來普斯爵士特別強調，學會的一切事務應該由既有能力又有膽識的領導者全局策劃，統一指揮。

　　由於皇家學會的前幾任會長都是因其政治影響力而當選，所以，在經歷了會長多年來並不露面的情況之後，學會會員們驚異地看到牛頓全身心地牢牢掌握著學會前進的航向，使其朝著既定的目標乘風破浪，不斷前進。牛頓自己也決意要把學會的理事會管理好，於是，幾乎每次理事會他都出席。

　　在學會裡，他仍舊保持著一貫的風格：謹慎、沉默。即使他從不滔滔不絕、口若懸河，但是他卻總是帶著威嚴端坐在會議桌的中間，那樣子就像是家長坐在一群孩子中間。

　　「各位先生們，我非常感謝你們推選我為皇家學會會長，以接替不幸去世的虎克先生。」

　　牛頓的聲音在會議室裡迴蕩著，緩慢又低沉。

　　「皇家學會自創辦以來，一直是大不列顛乃至整個歐洲科技研究的核心機構，我們當中的每個人都對它的健康成長有不可推卸的責任和義務，這一點每個會員都應該牢記。」

　　說到這，牛頓停了一下，清了清嗓子，故意提高了聲音繼續說：「也請大家記住，我們這裡不是議院，我們歡迎的是多做事少說閒話的人。」

　　有幾位平時比較活躍又不務實的會員聽到這，不約而同地低下了頭，他們知道，牛頓這話是說給他們聽的。

作為會長的牛頓對於皇家學會的貢獻主要在於他管理有方，而非其學術程度。在牛頓擔任會長、執掌學會各項事務期間，學會的經濟狀況也開始好轉。

　　在管理方面也涉及了學術問題。這點牛頓是很清楚的，學會當時的問題在於會議議題缺乏嚴肅的內容。於是，他就任會長後，便本著解決這一問題的原則，制訂了一項「皇家學會建設規劃」。該規劃聲稱：「自然哲學的目的在於發現自然界的結構和作用，並盡可能地將其歸結為一些普遍的法則和定律，用觀察和實驗來建立這些法則，從而導出事物的原因和結果。」

　　有了這一目標，學會中就有了擅長哲學學科的專家，他們也會積極參加學會召開的例會。

　　接著，牛頓又確定了自然哲學的五門主要學科，為每門學科任命一名指導員，並給予一定的資助。這五門學科是：數學與力學；天文學與光學；動物學、解剖學與生理學；植物學；化學。他還明確指出，學會只任命那些在各門學科中享有盛名的學者。

　　在實際操作中，牛頓建議保留實驗員的職位，這樣在例會上就會有實實在在的內容。過去，牛頓的老對手虎克曾在這個職位上非常出色地做過許多年，而且，在會員們漫無目的地誇誇其談使會議陷入庸俗的情況下，正是由於他的努力，學會才得以延續至今。虎克去世後，牛頓要做的第一件事是要找一個人來代替虎克。

　　牛頓很快付諸行動，讓弗朗西斯・霍克斯比（Francis Hauksbee）接替虎克。西元 1703 年，牛頓主持第一次會議時，弗朗西斯・霍克斯比首次在皇家學會亮相，即使他當時並不是學

出色的皇家協會會長

會會員，但他卻在會上展示了自己最近改進的一臺空氣泵。之後，他接連出席學會召開的會議。就這樣，整整十年，他一直為學會服務，為其召開的會議提供了大量具有科學性的內容。

西元 1707 年，牛頓又找了一個指導員，讓他暫時協助弗朗西斯‧霍克斯比在學會會議方面的工作。就這樣，詹姆斯‧道格拉斯博士經常在會上進行解剖講解。

在牛頓的努力下，學會例會的品質在穩步提高。學會會員從 17 世紀 90 年代的最低點開始不斷地增長，在牛頓執掌政務期間，會員人數翻了一番。學會的振興當然是由許多因素促成的，但是牛頓極力倡導提高各種會議的水準，無疑是這些因素中最重要的原因。

牛頓在致力於處理各種繁雜管理瑣事的同時，還盡可能以有效的方式提醒皇家學會會員們，時刻不要忘記學會的基本宗旨。

牛頓當上皇家學會會長之後，與以前的老友佛蘭斯蒂德開始了不愉快的交往。牛頓剛剛當選後幾個月，也就是在西元 1704 年 4 月 12 日那一天，他去了格林尼治，了解佛蘭斯蒂德的觀察進展情況。但看過結果後，建議把資料送給喬治親王過目，以便獲得一些資助。

隨後，牛頓和這位老友展開了爭論，佛蘭斯蒂德難免要承擔一些責任。佛蘭斯蒂德是一名皇家學會會員，但牛頓從未將他納入待出版的著作委員中。後來，佛蘭斯蒂德去世，由他的兩位助手根據計劃完成了《天體史》一書，該書後來被知名學者稱為天文學史上的一大里程碑。

西元 1705 年 12 月 21 日，戴維‧哥蕾果利進行了一場深入的探討。

　　在西元 1710 年之後的幾年中，牛頓在學會中的地位逐步穩固。會議的水準不斷提高。皇家學會漸漸形成一種帝國的氣氛。弗朗西斯‧霍克斯比經常在會上向會員們展示他的有關電或毛細作用或光的折射等實驗。弗朗西斯‧霍克斯比於西元 1713 年去世，西元 1714 年年初牛頓找到德薩古列爾接替他的位置。由於有了德薩古列爾這一個接替者，以及其他一些年輕的牛頓崇拜者，學會的會議在幾年內得以迅速發展。

　　牛頓在皇家學會取得了各種成功，但有一次失敗卻讓他久久不安，也就是那次關於出版佛蘭斯蒂德的書。《天體史》的出版不僅讓人們了解了他的為人，而且也清楚地知道了他和英國科學界的關係。對於牛頓而言，他無法忍受不同意見。

　　不管怎麼說，皇家學會在牛頓的英明領導下，出現了生機勃勃的景象，科學開展得相當興旺。

　　牛頓自從當上了皇家學會會長後，就再沒有離開過，他年年續任，一直到他去世為止，長達 25 年之久，他成為英國皇家學會歷史上任期最長的會長，同時，他也是人們公認的最負責任、最優秀的會長。

攻克各種科學難關

　　牛頓一生的絕大多數時間都在挑戰科學難關。根據專家考證，西元 1692 年因失火燒燬的《化學》手稿，也是一部科學巨著，如果不被燒燬的話，牛頓的頭銜上面，可能會有一個「化學家」的稱號。

　　牛頓懊惱極了，幾乎一個月晝夜不停，他開始重新撰寫《光學》手稿，至於《化學》，他再也沒有精力去管它了，以後也沒有再管。

　　但是，由於長期的各種因素的積聚，這位巨人再也支持不住，終於精神崩潰了。長年累月的科學研究工作，尤其是 18 個月撰寫《原理》那緊張的日日夜夜，嘔心瀝血，在《原理》出版過程當中和虎克的爭論以及《原理》出版之後，由於不被理解而遭到各方面的批評、指責和攻擊，使他為了辯論而大傷腦筋。

　　從西元 1692 年 9 月開始，牛頓連續五夜不眠，吃不好，睡不香，精神紊亂，情緒激動，總是為一些小事而大發脾氣。一時明白一時糊塗，行為怪異，並懷疑他的朋友們都拋棄了他，妄想迫害他、折磨他。

　　在眾多朋友的關心和幫助下，經過幾個月的治療和調養，牛頓漸漸恢復了健康，頭腦也清醒起來。他給朋友們寫信對病中的失禮表示歉意，然後集中精力，再次全身心地投入到他的研究工作之中。

牛頓著手改進他的月球運動的理論，並寫信給佛蘭斯蒂德，希望他把天文觀測的最新數據寄給他。他還為《原理》的再版作了補充和修改。他一有時間就埋進實驗室，像過去一樣，再度忙於他所心愛的化學實驗。牛頓重新撰寫《光學》一書並改進有關理論。而在這同一年，他還開始了古代史和年代學的研究和寫作。

雖然牛頓有著過人的精力，但他的科學研究還是受到了很大的影響。牛頓在後三十多年，在科學上已經沒有什麼重大的創造性的發現和發明了。

但這並不表明牛頓那過人的智慧就從此消失了，他思考問題仍然是那樣敏銳、那樣深刻，仍然是無人可比的。

西元 1696 年，瑞士數學家約翰·白努利 (Johann Bernoulli) 向全世界的數學家提出了一個非常具有挑戰性的數學問題，求解：設在垂直平面內，有任意兩點，一個質點受地心引力的作用，自較高點下滑至低點，不計摩擦，問沿什麼曲線時間最短？

這就是歷史上有名的「最速降線問題」。問題的難點就在於和普通的極大值、極小值求法不同，它是要求一個未知函數曲線來滿足所給條件的。

這個問題困擾了歐洲數學界 6 個月，也沒有人能解出來。

牛頓第一次聽說這個問題是哈雷告訴他的，那天他去哈雷家拜訪，閒談之餘，哈雷問牛頓：

「最近有沒有看《皇家學會報刊》？」

「造幣局的事忙得我頭昏眼花，哪裡有時間看報啊？」牛頓一臉的疲憊與無奈。

「那你一定沒聽說關於挑戰的那件事吧？」

哈雷一下子興奮起來，說話的聲音有點顫抖，因為他在牛頓身上感覺到了希望。

「什麼挑戰？我可從來沒聽說過！」

一向樂於探索和解惑的牛頓，頓時精神起來，坐直了身子。

「快說說看！」哈雷把伯努利挑戰的來龍去脈詳細地講了一遍，並將印有這道難題的報紙拿給牛頓看。牛頓看過報紙後，微微一笑。

「等我的答案吧！」

那天他在造幣廠工作了整整一天，剛剛筋疲力盡地回到家裡，就開始思考這個新穎的問題。

第二天凌晨 4 時，他就解出了這個問題，並且還寫了一篇行文非常漂亮的文章，以匿名信的方式寄給了皇家學會。當伯努利看到皇家學會刊出的這篇匿名文章時，立刻喊道：「噢！我從他的爪子認出這頭獅子了。」

後來，西元 1716 年，在牛頓 74 歲時，萊布尼茲提出了一個在他看來是比較困難的問題：要求找出單參數曲線族的正交軌道。他以此作為對歐洲數學家，特別是對牛頓的挑戰。牛頓也是在一天的 17 時接到這個挑戰的，也是剛剛筋疲力盡地從造幣廠回來。

這一次萊布尼茲多少有些樂觀，因為他作為當時世界上第一流的數學家提出的難題並不容易解答，他以為這次一定使這頭獅子落入陷阱了。然而，牛頓仍然是在一個晚上就把問題解決了。

牛頓天生是一個偉大的科學家，但天生就不是一個政治家！他偏要放棄自己心愛的科學事業而去從政，去從事自己並不喜愛的職業，這好像是難於理解的，實際上也並不難理解，或許這就是社會的悲劇。科學生涯帶給他的是冷冷清清，一貧如洗；而上流社會帶給他的卻是榮華富貴，無盡享受。雖然後者貢獻遠遠不如前者大，但是，社會就是這個樣子，連牛頓這樣的巨人，也無法抵擋這種誘惑。

　　不論身處何地，牛頓本身仍是一位科學家。實際上，使牛頓獲得盛名的並非是他的政績，而是他震撼人心的科學成就。《原理》一書在出版十多年之後，牛頓的理論才逐漸在國內外被人們認同和接受，科學界承認這是當時最先進的理論，牛頓的名聲迅速提高了。

建立經典力學體系

　　牛頓是經典力學理論的集大成者。牛頓力學的建立是科學史上的一次重大變革，這標誌著近代理論自然科學的形成，並成為其他自然科學的基礎。

　　牛頓力學的建立是以其他科學家的研究為基礎的，尤其是伽利略與克卜勒的觀點，對牛頓的力學有著重要的影響。

　　伽利略透過對自由落體的研究，發現了慣性運動和在重力作用下的勻加速運動，為牛頓第一定律和第二定律奠定了基礎。伽利略關於拋物體運動定律的發現，對牛頓萬有引力的學說也有一定的啟發作用。

　　天文學家克卜勒發現的行星運動定律，則是牛頓萬有引力學說產生的依據。西元 1609 年，克卜勒的《新天文學》出版，揭示了太陽系行星運動的兩條基本定律：行星運動第一定律：行星的軌道是橢圓形的，太陽在橢圓的一個焦點上。行星運動第二定律：在相等的時間內，行星和太陽的連線所掃過的面積相等，也稱為面積定律。

　　後來，克卜勒又發現了行星運動第三定律：太陽系中任何兩顆行星公轉週期的平方比，等於它們軌道半徑的立方比，亦稱週期定律。

　　行星運動三定律的發現，揭示了整個太陽系的運動圖景。克卜勒的發現，使太陽系成為一個嚴格按照確定規律運行的力學系統。因此，西方人把克卜勒稱為「天空立法者」。

牛頓認為物體內部的力才使物體能夠運動，也就是今天我們所知的慣性原理。在笛卡爾的著作中，他還發現了兩個沒有完全解答的難題：碰撞力學和圓周運動力學，它們成了牛頓研究的中心。

　　牛頓以力的新概念為基礎，直接進入了對碰撞的研究與分析。笛卡爾分析碰撞時根據的是運動物體內部的力，他稱為「物體運動的力」。而牛頓則認為：物體運動的力，與物體承受某種外力作用一定有著密切聯繫。

　　這是對力的新看法，它將物體看成是作用於它之上的外力的被動物，而不是碰撞在其他物體上的力的主動載體。

　　牛頓經過 20 多年的細心鑽研，從這一點出發，最後得出了他自己的全部動力學理論。

　　牛頓為了寫《原理》，首先要研究動力學，在完成《論軌道物體的運動》之後的 6 個月時間，他在這方面投入了大量精力。

　　牛頓動力學的關鍵在於內在力與外加力的密切聯繫，為了把它們解釋清楚，牛頓後來又對「物體內在固有的基本力」和「物體被迫承受外加到物體上的力」進行了研究。

　　在 17 世紀，牛頓就已經得出物質與運動沒有多大關係。萊布尼茲後來爭辯說，如果物質完全與運動無關，任何力都可以賦予物體任何速度，那麼也就不可能有定量的動力學科學。這個時候，牛頓沒有再提出什麼基本原理，顯然他是贊同這個觀點的。

　　於是，牛頓的動力學還是集中在內在力與外加力的相互作用上。他在《論軌道物體的運動》中確定了兩種力的關係，後來又一條運動定律出現，即現在稱為的第三定律。

建立經典力學體系

　　牛頓所要解決的笛卡爾的第二個問題，也就是圓周運動涉及的力學很複雜，可能會強化他原來關於物體內部力的觀點。遵循這一觀點和以往的經驗，牛頓同意：做圓周運動的物體總是努力退離中心，就像繩子上的石頭在旋轉時總是拉著繩子。

　　這種要退離的努力好像是運動物體內部傾向，是保持物體運動的內部力做圓周運動時的表現。為了對這種退離傾向進行測量，牛頓運用了碰撞理論分析。

　　物體退離中心的力，惠更斯則認為是「離心力」。離心力公式使牛頓可以解決他在伽利略的《對話》中發現的問題。在一次辯論中，他提出了這樣的觀點：「地球的旋轉之所以不把物體拋向空中，是因為物體的重力，即降落物體的加速度大於旋轉產生的離心力。」

　　牛頓的觀點與力學研究緊密相連。可是，牛頓對伽利略關於重力加速度的數據一直抱著懷疑的態度。後來，牛頓利用圓的幾何特性精確地計算出了離心傾向力，並得出結論：物體做均勻圓周運動時，時間與弧長成正比。如果不限制物體做圓周運動，它就會做直線運動，因此，他將離心傾向定為瞬時運動，它等於正切偏離圓的距離。

　　牛頓的基礎工作做了這麼多，顯然不能滿足他的渴望，他又把「月球退離地球中心的力」與地球表面的重力進行了比較，於是，他發現重力逐漸在變大。

　　那為什麼不可以遠到月球上呢？這個問題提高了牛頓研究的興趣。於是他用各種方法計算可能得到的結果。他採用的是地理

學家和海員通常採用的數據：地球表面的緯度為 60 英里。他的計算與理論不太相符，這讓他產生了一個想法：如果月球是由漩渦帶動的話，除了重力外，月球同時還擁有力的混合物。

牛頓在比較月球的離心力與重力時，腦子裡總閃現出某種想法，正是落下的蘋果誘發了他的這種想法。於是，他發現了萬有引力，但是牛頓卻把《原理》一書揣在懷裡達 20 年之久，直到哈雷發現了，才使它公開。牛頓在力學上的研究有了很大進步，在此基礎上，他實現了天上力學和地上力學的結合，形成了統一的力學體系。牛頓力學三定律構成了近代力學的基礎，也是近代物理學的重要支柱。

牛頓的力學三定律和萬有引力定律，把天體運動定律與地上物體運動定律統一起來，構建了經典力學的理論大廈，並把力學理論應用到太陽系中，使天體力學中的一系列問題得以解決。他給出了計算太陽質量和行星質量的方法，並證明了地球是一個赤道凸出的扁球，說明了潮汐的漲落，解釋了歲差現象，分析了彗星運動的軌跡和天體攝動現象等。

在 18 世紀及以後的一系列事實，證實了牛頓力學的真理性，從而得到了廣泛的承認。哈雷彗星的發現，地球形狀的證實，關於行星攝動現象的證實，這些對牛頓萬有引力定律的證實具有重要意義。

此外，如：關於引力常數 G 的測定等，也都證實了萬有引力定律。西元 1781 年，英國天文學家赫雪爾（Frederick William Herschel）發現了天王星，首次發現了行星的攝動。西元 1799

年，法國著名科學家拉普拉斯（Pierre-Simon Laplace）出版了
《天體力學》一書，建立了行星運動的攝動理論和行星的形狀理
論，進一步證實了萬有引力定律的正確性。

在這之後，人們運用萬有引力定律對天王星攝動現象進行
了複雜的計算，預言了海王星的存在。西元 1845 年發現了海王
星，這是對萬有引力定律的有力證明。

牛頓運用歸納與演繹、綜合與分析的方法，使得力學體系更
加完善，被後人稱為科學上的模板，顯示出物理學家在研究物理
時，都傾向於選擇和諧的體系，追求一種簡明、理想的形式。

經典力學的建立促進了自然科學和科技的發展，促進了社會
的進步。一是科學的研究方法推廣應用到物理學的各個分支學科
上，對經典物理學的建立起著推動作用。二是經典力學與其他科
學相結合從而產生了交叉學科，使得自然科學得到了更進一步的
發展。三是經典力學在科學技術上有廣泛的應用，促進了社會文
明的發展。

牛頓作為一個科學家，在力學上做出了巨大貢獻，並在眾多
領域取得了偉大成果。正如恩格斯（Friedrich Engels）所說：
「牛頓由於發現了萬有引力定律而創立了科學的天文學，由於進
行了光的分解而創立了科學的光學，由於創立了二項式定理和無
限理論而創立了科學的數學，由於認識了力的本性而創立了科學
的力學。」

簡單的個人生活

　　牛頓一生未婚，但對斯托勒小姐這位他一生唯一鍾情過的女士，一直非常關心。只要回林肯郡，他都會去探望斯托勒小姐，有時也在經濟上資助她，像對至親一樣，這種友誼持續了一生，直到他離開人世。

　　斯托勒小姐的出嫁，曾使牛頓心中非常難過，但他只是把心中的苦痛化作前進的力量，更加專心地投入研究和學習中。進入劍橋大學，他在科學研究上也有了更加長足的進展，成了聞名世界的科學家。

　　後來，經過國王查理二世的特批，牛頓以非神職人員的身分留在劍橋大學。他的朋友們都希望他能在緊張研究之餘，能夠有一個溫馨的家庭，給他提供一個休憩的港灣，使他能夠享有常人的天倫之樂。但是牛頓每天的日程都排得滿滿的，根本就沒有時間去談戀愛。

　　在朋友的安排下，牛頓也有過幾次相親的經歷。有一次，一位朋友替他精挑細選了一位小姐，經過牛頓同意，這位朋友把她帶到了牛頓家中。

　　可惜，談話剛剛開始，牛頓就想起了自己剛才所得出的實驗數據計算似乎有誤，他立刻感到坐立不安，心急如焚，暗暗盼望朋友能帶著這位小姐早早離去。可朋友卻仍在滔滔不絕地誇耀小姐如何蕙質蘭心、落落大方，絲毫沒有離去的意思。小姐也是面含羞赧地坐在一旁，一動不動。

簡單的個人生活

　　牛頓只好在心裡默默地計算實驗數據，以至於朋友幾次與他搭訕，他都沒有一點反應。朋友只好為他掩飾，同時不斷地使眼色讓牛頓說話。但是牛頓雖然還呆坐在那裡，心卻已經飛回了實驗室，對朋友掩飾的話和示意的眼神充耳不聞、視而不見。

　　小姐的臉色越來越難看，還沒等小姐起身告別，牛頓突然站起來說：「對不起，我出去一下。」然後，他轉身就走了出去，再也沒有回來。

　　他的朋友和那位小姐等了很久，也不見他回來，小姐只好遺憾地走了，以後再也沒有來過。後來，牛頓也感到非常抱歉。

　　但科學像磁石一樣吸引著牛頓，他在婚姻和科學之間，總是選擇科學。牛頓做事十分刻苦努力，不成功絕不罷休，這從小就已表現出來。這種特徵隨著他年齡的增長而有增無減，伴隨其終生。為了心愛的事業，他忘掉了一切。

　　有時牛頓也會回去看望家人，但那只是為了用親情沖淡一時的煩惱。母親關懷他，像是要補償給他母愛。但是幼時母親改嫁、失去雙親的孤獨感和隔離感，在他心中留下的陰影雖然已經很淡，卻總也揮之不去，這使他不能充分地享受家庭的歡快，和體會母親的親情，以致後來家也很少回了。

　　為了工作，牛頓放棄了好多追求生活樂趣的事情。從年輕時起，他就從來不記得按時用餐，做日常事務顯得極其笨拙，對自己的健康也漠不關心。

　　牛頓喜歡服用自己配製的家用藥物，其中之一是用橘皮煮湯，加糖代茶，在吃飯時飲用。他晚間工作，一般熬到深夜。由

於缺乏充足的休息和睡眠，30 歲的時候，就已有了白髮。

牛頓沒有娛樂，確切地說，他沒有時間去娛樂。如果要說有娛樂和業餘愛好的話，那就是喜歡做化學實驗和研究煉金術，他的大多數時間都是在辦公室中度過的，他的外衣經常有做化學實驗時沾上的汙漬。

牛頓太忙碌了，完全沒有時間去觀察自己的形象。他樣子很落魄，往往領帶不結，鞋帶不繫好，有時連褲子的鈕扣也扣不好，就走進了大學的餐廳，在那裡匆匆忙忙地吃飯。更忙的時候，他都不記得自己是否吃過飯了。就這樣只是全神貫注於所研究的問題，而對自己的日常瑣事一點也不放在心上，這方面有許多流傳的故事。

有一段時間，牛頓常常站在架在花園門口的望遠鏡前想得出了神，一站就是幾小時。有一次，他聽到一個園丁在指指點點地跟別人說：「這個人知道的東西比全人類知道的東西加起來還要多。」

牛頓回過頭來望著園丁，不解地問：「你在說誰？」園丁看他那副一本正經的樣子，捧腹大笑。

牛頓對自己的生活顯得那般漠不關心，金錢對其更是無足輕重。牛頓常常把錢借給別人或送給別人，不管是認識的還是不認識的，只要開口，他就一定會給。這體現了牛頓的性格溫和、待人誠懇。但是，當他與別人發生爭執的時候，一旦被激怒，就一點也不會讓步的。

牛頓的一生，總是想避免爭論，然而卻總在爭論中度過。但是，他對年輕人卻好多了。在金錢上，一方面，他和許多文人學

簡單的個人生活

者一樣，把錢看得不重；另一方面，到了晚年他對錢的計算比誰都精明。有一個傳說他用錢的故事。

有一次，一位來訪的客人請牛頓對一個稜鏡代為估價。牛頓被這個作為科學研究工具的稜鏡吸引住了，不假思索地回答說：「它的價值大得我都無法對它估價了！」客人立即要把稜鏡賣給他，向他討了一個特別高的價。牛頓卻毫不遲疑，真的把稜鏡買了下來。後來別人知道這件事後，對他大叫：「嘿，你這個笨蛋，你只要按照玻璃的重量折一個價就行了！」

有一次，牛頓在實驗室內做實驗，助手幾次進來提醒他該吃飯了，他都不願放下手中的研究。助手擔心他記不起來，在出門之前，給他拿了幾個雞蛋，對他說：「先生，如果你餓了，就把雞蛋煮了吃。」牛頓漫不經心地點點頭，又沉浸在了自己的實驗中。

幾小時過去了，實驗還沒有做完，牛頓卻感到腹中一陣飢餓，忽然想起助手給他留的雞蛋，就隨手抓起「雞蛋」，放入爐子上已經沸騰的小鍋內，轉身又開始做實驗。

助手外出辦完事後，回到實驗室，只見鍋內的水咕嘟咕嘟地沸騰著，雞蛋卻還好好地放在一邊，一個不缺。這是怎麼回事？他好奇地掀開鍋蓋，卻發現裡面煮著的竟然是牛頓的懷錶！

助手不禁駭然，他不顧燙手，千辛萬苦地將錶撈出，忙追問牛頓：「先生，你怎麼把懷錶放到鍋裡去了？」

「懷錶？」牛頓一摸自己的口袋，懷錶確實是沒了，他這才想起剛才一定是因為一直在關注實驗，不知不覺地把懷錶當作雞蛋扔進了鍋裡。

在人們的印象裡，牛頓似乎節儉到了吝嗇的地步。事實上，

他在劍橋大學時收入雖不高，但他並不貧窮。而且作為一個傑出的數學家，他頭腦精細，善於理財。他的生活雖然簡單，卻並不艱苦，每週典型的菜譜都會有一隻鵝、一隻雞、兩只火雞。牛頓珍視友誼，待人真誠，每當有朋友來訪，他總是讓人準備比平時更豐盛的菜餚。

有一次，一個朋友寫信給牛頓，說他要在晚上來拜訪。牛頓非常高興，馬上派人送信給那位朋友，說歡迎他晚上來做客。因為當時沒有通信工具，按照英國紳士的習慣，未經預約，不能隨便登門拜訪。於是，人們會在登門之前派人送去一封信，表明要登門拜訪的意圖。主人也會回信表示同意來訪或因為不便而拒絕。

當天晚上，當朋友來到牛頓家中時，僕人已經準備好了豐盛的晚餐，但牛頓還在實驗室內忙碌。朋友不願打擾牛頓，就坐在客廳內邊看報紙，邊等待。時間過得特別慢，對飢腸轆轆的人尤其這樣，那簡直是一種折磨。

牛頓的朋友左等右等，兩個多小時過去了，牛頓卻還沒有露面，他只好走到實驗室門口。只見牛頓正在一堆瓶瓶罐罐中間聚精會神地邊操作、邊記錄，忙得不亦樂乎。朋友了解牛頓，知道他又陷入了研究中，一定是全然忘記了請客的事。即使他很想開口提醒牛頓，但幾番躊躇，他決定還是不打擾牛頓，悄悄地回到餐桌旁。

看著豐盛的晚餐，朋友自言自語地說：「艾薩克，謝謝你對我的熱情款待，遺憾的是，我只能自己享用了。」等了兩小時，他已經飢餓難耐，很快就吃完了飯。他又一次來到實驗室，看到

簡單的個人生活

牛頓仍在忘我地工作，便不聲不響地離開了。

又過了兩個小時，牛頓的實驗總算做完了，在把所有必要的數據都記錄下來之後，他才猛地想起來今天有客人來吃飯，他狠狠地捶了一下自己的頭：愚蠢！

牛頓三步兩步地來到餐廳，只見桌邊一個人也沒有，僕人都休息去了，桌上一片殘羹。

牛頓站著，愣了半晌，突然忍不住大笑起來說道：「艾薩克呀，艾薩克，怪不得最近你的實驗沒有什麼進展，看你的記憶力已經到了如此地步，連剛剛與朋友吃過飯都忘記了！」

牛頓微笑著，心滿意足地回到了他的實驗室，開始做下一個實驗。

發明權的爭論風波

　　如果說牛頓和佛蘭斯蒂德持續 10 年的爭論，還只是個人的成見之爭，那麼，牛頓和萊布尼茲之爭則發展為國際之爭，持續時間將近兩個世紀。這場為爭奪微積分的優先發明權之爭是科學史上最厲害，也是最著名的爭論，給數學的發展造成了很大的影響。

　　萊布尼茲是和牛頓同時代的人，可能在當時是僅次於牛頓的最優秀的人物。他是德國人，第一流的數學家和著名哲學家。他才華橫溢，思如泉湧。他除了研究數學和哲學外，還廣泛地涉及法學、力學、光學、語言學、邏輯學等 41 個範疇，被譽為「17 世紀的亞里斯多德」。

　　西元 1673 年他被選為英國皇家學會會員，西元 1700 年當選為法國科學院院士，同年他創建了柏林科學院，並擔任第一任院長。

　　萊布尼茲對數學有著極其深厚的研究，不但獨立地創立了微積分，對數學的其他分支也做出過重大的貢獻，對於笛卡爾的解析幾何提出了很多改進意見，對行列式和包絡理論做了很多基礎工作。牛頓的數學研究大約始於西元 1664 年，那已經是他進入劍橋大學 3 年以後的事了。

　　主講數學的巴羅教授可以稱得上是，為牛頓打開數學興趣之門的人。巴羅教授在當年被任命為第一任盧卡斯數學教授，牛頓正是透過他主講的數學課，對數學產生了濃厚的興趣。

發明權的爭論風波

　　為了深入了解天體的位置和觀察知識，牛頓選擇購買了《三角學》。為了了解其中對他來說還嫌晦澀的證明，他又系統地學習了歐幾里得的《幾何原本》和巴羅教授所著的《歐幾里得原本簡證》，其時受益匪淺。

　　在此之後，在巴羅教授的鼓勵和推動下，牛頓開始學習笛卡爾的《幾何》，這本書他用了相當長的時間去領會。

　　就這樣，在短短的幾年中，牛頓閱讀了大量的數學、哲學名著，大大地開闊了自己的視野，增長了知識。他對當時數學的兩大分支，幾何和代數領域的最新理論成就，進行了充分的綜合與發展，進而得出了自己的發現。

　　他從笛卡爾那裡得到了代數符號、各種概念和計算方法，從歐幾里得和巴羅教授的著作中拿來了傳統的幾何證明方法，與在中學和劍橋大學所學的邏輯學相綜合，作出了許多偉大發現。

　　西元 1664 至 1665 年間，牛頓根據瓦里斯（J. Wallis）的極限概念和級數，發現了無窮級數。當年冬天，他又發現了在任一既定點上求曲線曲度的方法，以及化任意次方二項式為近似級數的方法。

　　到西元 1665 年年末，牛頓已經發明了流數和微積分，並給出了流數的表示符號。一份寫於西元 1665 年 5 月的手稿表明，牛頓在 23 歲時已經充分發展了微積分的主要原理，能夠用它找出任何連續曲線在任何給定點的切線和曲率。他稱他的方法為「流數法」，意即「流動」或變量及其「流率」或「增長率」。

　　微積分的發明結束之後，在西元 1667 至 1668 年間，牛頓在

數學領域上主要研究的是三次曲線的性質和分類，並提出了一些有關的理論問題。

西元 1669 年，牛頓寫出了《論用無限項方程所做的分析》的長篇手稿，系統地總結他過去的流數和二項式定理的研究成果。當年 6 月，他將手稿交給巴羅教授，巴羅在以後給他的朋友 —— 皇家學會圖書館館員科林斯的信中提到了牛頓的發現，稱讚他「對於流數的發現有傑出的才能」。

過了一個月，牛頓便將這篇論文郵寄給了科林斯，在抄錄了一份副本後，科林斯將論文退還給了巴羅教授，向他在歐洲各國的朋友通知了牛頓的發現。

西元 1664 至 1666 年是牛頓在數學研究上的創作高峰期，但他並沒有像 17 世紀其他有所成就的科學家通常所做的那樣，把自己的研究成果透過正當渠道發表，而是將學習中的心得體會和研究成果直接寫在紙上、筆記上或帳本上。

這跟牛頓個人的性格有很大的關係，他十分內向、多慮，處處謹慎，從不肯多行一步路、多說一句話，這直接或間接地來源於他發表第一篇論文時所帶來的麻煩。就這樣，他只是在自己覺得必要的時候，才向朋友、同行透露一點自己的研究情況。

大量事實也表明，在牛頓正式出版自己的論著以前，他曾默許歐洲的一些科學家在極有限的範圍內抄錄、傳播、討論他的數學發現。這其中包括很多人，有皇家學會主席布朗克爾，祕書奧爾登伯格，英國的格里高利，法國的布爾臺、弗爾農和赫留斯，其中還包括當時德國著名的科學家、牛頓後來的死敵萊布尼茲。

發明權的爭論風波

西元 1672 年，萊布尼茲與惠更斯有了接觸，從而第一次對研究數學產生了興趣。在那以後，他主要研究用無窮級數求圓和其他曲線的面積，並在西元 1674 年中考察了構成曲線的多邊形基元之和的一般方法，發明了微積分學。

西元 1673 年，萊布尼茲訪問倫敦，或者有機會在科林斯的論文中見到，牛頓的包含流數原理的論文《論用無限項方程所做的分析》。

西元 1676 年，萊布尼茲再次來到倫敦，這時他還未當選皇家學會會員，透過科林斯和奧爾登伯格得知了牛頓有關流數的詳細情況。此後，他與他們開始頻繁通信，多次提到牛頓的數學發現，如：「在給定任何曲線坐標的情況下，求出曲線的長度，圖形面積，旋轉體的第二次分割及反求法，給出正方形內的任一弧線，不知道原圖形便可以計算對數、正弦、正切或餘弦及反求法」。

這時，萊布尼茲已經多多少少地了解了一些牛頓的發現，也曾給予其很高的評價。

牛頓也曾經以大量的篇幅給向他請教的萊布尼茲，敘述了二項式定理的來源和方法，級數展開法，求拋物線面積和用流數求一般曲線面積法及切線的反求法。有理由相信，這些一定會對萊布尼茲有所啟發。

西元 1684 年，萊布尼茲在《學術學報》上發表了《求極大和極小及切線的一個新方法》，它不受分數和無理數的妨礙並是這種情況的反常形式，對對數進行了詳細的論述，並正式提出了

微分原理。但他在此部分的任何地方都沒有提到過牛頓的名字，更不要說他的幫助或啟發了。

西元 1686 年，萊布尼茲根據積分與微分的對立，得出算法上也應為對立的結論，將微分的規則進行變換，從而得出了積分的規則。他還運用求極大、極小和切線的方法及無窮級數法，寫出了一篇奠定積分原理的論文，在《學術學報》上發表了。在這篇論文中，他第一次使用積分符號「∫」，至此，萊布尼茲完成了微積分的發明。

西元 1665 年 5 月，牛頓形成了自己的流數思想和表示法，並在第二年 10 月給予系統闡述。而萊布尼茲是在西元 1674 至 1676 年間形成微分的思想和表示法的。牛頓的論文發表於西元 1669 年和 1671 年年初，而萊布尼茲的論文發表於西元 1684 年和 1686 年。

這就說明，牛頓發明微積分確實要比萊布尼茲早。發明的時間要早 10 年，而寫成論文則要早近 20 年！讓牛頓震驚的是萊布尼茲發表的論文中絲毫沒有提及他的作用，而且一直以來，萊布尼茲都不承認曾經得到過牛頓的直接或間接的促使他發明微積分的幫助。

昨天還是虛心求教的摯友，今天搖身一變，竟然將自己的發現經過改頭換面，變成了微積分的發明者！這就難怪牛頓要氣惱了。

牛頓在《原理》第一版的第二卷中以三頁的篇幅說明流數原理，同時在註釋中提到萊布尼茲的發明系得益於自己的研究成

發明權的爭論風波

果。此時他們的關係還沒有完全破裂。而他們的支持者也沒有想到要為各自的偶像搖旗吶喊。他們還是在通信，至少能夠承認對方的發明。但在西元 1699 年，這一切都改變了。

西元 1699 年，牛頓擔任造幣廠廠長之後，住在倫敦的瑞士數學家法蒂歐向英國皇家學會呈交一篇論文，文中提出牛頓是微積分「第一個發明者，並且領先了好幾年，而萊布尼茲這第二個發明者是否從別人那裡搞了什麼東西，我寧願有我自己的判斷」。

法蒂歐提出這個問題是由於他看到，萊布尼茲西元 1684 年和 1686 年在萊比錫的《學術學報》上，首次發表的關於微分原理和積分原理發明過程的文章中，沒有提到牛頓的作用及其在多年前已經取得的成果。

早在西元 1665 年鼠疫期間，牛頓就已創立了微積分的一些基本原理，他稱為「流數術」，並且採用在字母上加符點的獨特記法，然而牛頓沒有對自己的發明及時公開。

西元 1669 年，牛頓寫出了第一篇數學論文《無窮多項方程的分析》，闡述了論證還不嚴密的微積分基本定理，送給巴羅教授看，後來印成小冊子分送給朋友，直到西元 1711 年才正式出版。另外兩篇分別寫於西元 1671 年的《流數術和無窮級數》，以及寫於西元 1676 年的《曲線求積法》的重要論文分別於西元 1736 年和 1704 年才公開發表。

因此，牛頓公開發表他的微積分思想的最早著作是西元 1687 年出版的《原理》，但《原理》並沒有應用他自己發明的在字母

上面加符點的記法。他只是用幾何形式初步地說明了流數原理，用以確定無限小量的比。

因而，只從公開發表的時間來講，牛頓比萊布尼茲晚 3 年，但是要從發明的時間來看，牛頓比萊布尼茲要早 10 年。在這段時間裡，萊布尼茲曾經在西元 1673 年 1 月當選為皇家學會會員時訪問過英國，西元 1676 年 10 月第二次訪問倫敦，同科林斯、奧爾登伯格等人均有過接觸，這一點被法蒂歐所懷疑，因而寫出這篇論文。

但是，這個問題由於牛頓和萊布尼茲都沒有作聲而擱置起來。那時他們的關係還是比較好的，都能以比較公正和冷靜的態度對待對方。

萊布尼茲到英國訪問，並沒有得到什麼祕密，因為牛頓給奧爾登伯格等人的信件中是以文字形式闡述微積分思想的。他們兩人是獨自發明微積分的，只是使用的符號不同。

但是西元 1708 年，牛津大學天文學家凱爾在《哲學學報》上發表文章，再次提出牛頓是微積分的最先發明者，說西元 1705 年發表在《學術學報》上的一篇匿名文章是萊布尼茲寫的，並且文章暗示微積分是流數術的改頭換面。對此萊布尼茲提出控告，要凱爾公開道歉。西元 1711 年《學術學報》發表評論員文章，說牛頓是「剽竊」。

這樣一來，爭論的性質就發生了根本變化，由爭奪優先權到指責為剽竊，雙方的爭論升級。英國的學者都站在牛頓一方，歐洲其他一些國家的學者都站在萊布尼茲一方。而且在爭論中雙方

發明權的爭論風波

都帶上了嚴重的感情色彩，陷入了狹隘的民族主義當中，好像都是為了民族尊嚴而戰似的。

在這種情況下，牛頓的情緒也發生了轉變。西元 1712 年 3 月，在牛頓的領導下，皇家學會專門成立了一個由哈雷等六人組成的委員會，專門負責對此事進行調查和評價。

最後他們得出結論：牛頓是微積分的第一個發明者，萊布尼茲是第二個發明者，並說牛頓的流數術內容由科林斯在信中告訴了萊布尼茲。實際上這是暗示萊布尼茲有剽竊之嫌，帶有很大的傾向性。

當萊布尼茲向皇家學會申訴這對他不公正時，皇家學會卻否認對委員會的報告負有責任。

對於這場爭論，英國王室也非常關注。

萊布尼茲給人的印象是一個彬彬有禮、老於世故的人，即便當他用匿名的方式含沙射影地對牛頓進行攻擊時，他也從不錯過任何一次當眾讚揚牛頓的機會。

西元 1701 年，一位爵士與萊布尼茲在柏林的王宮中共進晚餐，當普魯士女王問萊布尼茲他對牛頓的看法時，萊布尼茲說，自從數學在世界上起源到牛頓爵士時代，有一大半是牛頓的功勞。他還補充說，當他碰到某個難題時，他問遍歐洲所有的學者都不能獲得滿意的答覆，可當他寫信向牛頓爵士請教時，牛頓會在首批郵件中給他寄來答案，告訴他如何去做，然後他就能解決這個問題。

而在兩年前，萊布尼茲曾以匿名的方式暗示說：有人在懸鏈線所犯的錯誤便是由於牛頓的方法有缺陷。

第二次挑戰發生在西元 1716 年，那時牛頓已經 74 歲，萊布尼茲又想出一個問題，再次向牛頓發難，問題是：「對於一個參數曲線來說，正交常角的軌道是什麼？」這一次，萊布尼茲很慶幸，以為可以把牛頓難倒了。

牛頓收到這個問題時剛剛下班回家，經過短暫的思考，在睡覺前就給出解答。這一反擊是致命的，它不僅證明了牛頓絕對是前無古人、後無來者的數學天才，而且，這也向人們宣告：踏上仕途的牛頓的數學天分還同年輕時一樣強大，他還擁有超常的創造力。

萊布尼茲沒有對此作任何評論，他知道自己並非不智，只是絕對無法與牛頓一較短長罷了。從此他一直保持沉默，沒有再提出什麼問題，直至西元 1716 年 11 月 14 日離開人世，這場曠日持久的爭論才到了盡頭。

似乎是牛頓取得了最終的勝利，但實際上沒有人在這場爭論中取得勝利，這只不過是一場悲劇，悲劇的結果便是無論萊布尼茲還是牛頓，都沒能在微積分上走得比對方更遠一些。如果他們能夠像爭論之前一樣互通有無，共學共進，至少不把時間浪費在攻擊對方和自我辯解上，一切便會朝更好的方向發展。

最後，還是讓瑞士人和法國人占了先，他們在牛頓數學理論基礎上，採用萊布尼茲先進的表達法，進一步完善了微積分，使其更加簡單而實用。

如果牛頓沒有受到那些所謂摯友的慫恿和提攜，沒有去做什麼造幣廠廠長，他很可能會很容易地創造出，作為物理和數學探索工具的僅次於微積分的變分法，而不會把它留給伯努利、歐拉和拉格朗日去開創了。

發明權的爭論風波

　　但如果就是如果，歷史由不得假設，雖然牛頓沒能繼續發展他的理論，但作為微積分的第一個發明者，他已經得到了科學界的公認，並且將因此為後世所銘記。

樂於慈善捐贈

晚年的牛頓非常注重將自己的形象留給後人。他不僅在晚年而且自他到倫敦以來，就不斷讓人替自己畫像，繼西元 1702 年內勒給他畫完像之後，不到 4 年便會有一幅新作問世。

在牛頓生命的最後 10 年中，畫像似乎成了他的一個嗜好。繼內勒在西元 1702 年替他繪製了一幅之後，耶瓦在西元 1703 年給他也畫了一幅，甘地在西元 1706 年又給他繪了一幅，桑希爾在西元 1709 至 1710 年兩次給他畫像。西元 1714 年，他坐下來讓里奇替他繪製一幅小型畫像。同年，他又讓勒·馬錢德替自己用象牙雕刻了一座半身像。

4 年之後，也就是西元 1718 年，勒·馬錢德又替牛頓雕刻了一座半身像和其他一些浮雕。同年，穆雷還替他繪製了一幅畫像。西元 1720 年，內勒繪製了第三幅牛頓畫像，在牛頓西元 1727 年去世前的 3 年中，他又替康迪特給牛頓繪製了兩幅。西元 1725 年，范德班克（John Vanderbank）為牛頓繪製了兩幅畫像，西元 1726 年繪製了第三幅，而西曼在西元 1726 年也替牛頓繪製了一幅。

在牛頓的晚年有證據證明達爾也替他繪製了一幅畫像。現存的還有兩幅牛頓晚年的畫像是由兩位不知名的藝術家繪製的，其中一幅放在國家畫像藝術館中，另一幅由赫弗和他的兒子們所擁有。

樂於慈善捐贈

這些畫像有許多或大部分都是由其他人委託製作的，但這些畫像也只有在牛頓的配合下才畫得出來。不管怎麼估算，這都是一個不小的數字，用「著迷」這個詞來形容牛頓對畫像的喜愛似乎並不過分。

牛頓晚年經常從事的另一項活動是慈善捐贈。他將大部分財產捐贈給了他家族的各個旁支，因為當時他是這個家族中最富有的人，其他成員都指望他能給予幫助。18 世紀早期，他們生活中的痛苦多於歡樂，他們帶著痛苦來找富裕的牛頓爵士。他的同母異父妹妹的丈夫去世之後，瑪麗·史密斯·皮爾金頓像她妹妹哈娜一樣也成了寡婦，牛頓同樣對她給予了資助，後來他定期每季度給她寄去 9 英鎊以做她的女兒瑪麗的生活費用。

牛頓還替他妹妹的兒子托馬斯·皮爾金頓擔保，讓他可以得到貸款。除了他們之外，還有很多人需要牛頓資助。

由於命運的安排，經常有很多窮親戚上門求助。他的賑濟不僅限於他的家族成員，在他的個人書信中，還有很多求助信，這些信件表明牛頓在他周圍的人中是一位有名的慈善家。

這些信中的某些內容還證明，他對很多求助信予以答覆。在倫敦居住多年，與很多人建立起來的持久友誼以及他所進行的這些捐助活動，大大改善了他與萊布尼茲之爭在世人心目中所留下的印象。

牛頓在他的晚年，喜歡回憶在他一生中起過重要作用的各種話題，至少有 3 個人都分別聽他講過有關蘋果與萬有引力的故事。

西元 1725 年 3 月 7 日，牛頓同康迪特進行了一次關於宇宙中各種循環的長時間的談話，康迪特將這次談話的內容記入備忘錄。牛頓告訴他說他相信有一場天體革命，來自太陽的光和氣聚集到一起形成二級物體，例如：月亮，而這些二級物體又繼續聚集更多的物質，變成主要的行星，最後變成彗星，而彗星反過來又落入太陽以補充太陽所散失的物質。

　　牛頓認為西元 1680 年發現的那顆大彗星，在圍繞軌道運行五六次或更多次之後，會落入太陽，由於太陽的熱量一下子增加太多，地球上的生命將會毀滅。

　　牛頓繼續說道，人類是近代才出現的，地球上已有的毀滅跡象可以證明他所預言的這種災難以前曾發生過。

　　康迪特問他既然生命曾經被毀滅過，那地球上怎麼可能又有生命呢？

　　牛頓回答他說，這就需要一個造物主了。

　　「為什麼您不像克卜勒那樣將自己的推測公之於眾呢？」

　　「我不贊同推測。」牛頓拿起《原理》，指給康迪特看書中的一些暗示，那些暗示表明了他對彗星的看法。康迪特問他為什麼他不將它清楚地表述出來呢？他笑了笑說，他發表得已經夠多了，人們足以從中了解他的意思。

　　就在牛頓去世前不久，他還與某個不知名的朋友一起回顧了他的一生，並作了一個簡要的概括。他的這段總結真可謂是對追求真理的一生最精彩的回顧：

樂於慈善捐贈

「我不知道世人怎樣看我，但我自認為我不過像一個在海邊玩耍的孩童，不時為找到比常見的更光滑的石子，或更美麗的貝殼而欣喜，而展現在我面前的是，全然未被發現的浩瀚的真理海洋。」

保持謙遜的品格

雖然人們從未覺得牛頓老態龍鍾，但衰老的跡象終於開始出現。在最後的 5 年中，牛頓的健康每況愈下。

他最大的毛病就是括約肌機能衰退，這也許是西元 1723 年的那場疾病所致。從那以後牛頓就開始小便失禁。但這並沒有把牛頓嚇倒，反而更讓他堅強起來。

牛頓在這個時候接待的客人比較多，參加的活動也比較多，由於這會引起更大的痛苦，於是他不再乘坐馬車，而是每天都坐在椅子上。他不再到外面就餐了，請朋友到家吃飯的次數也減少了。所有的肉製食品都不吃了，而改為肉湯、蔬菜和菜湯等易於消化的東西。

也就在這個時候，他取消了一切應酬及宴客。這時，他重要的著作《自然哲學的數學原理》第三集出版了。有一個荷蘭的年輕外科醫生賓巴尼，在偶然的機會裡看了這本書後，被這本書吸引了，並感覺到了這本書的偉大。

後來，賓巴尼寫了一篇關於萊布尼茲「落體力學說」的論文，牛頓看了非常高興，並對他大加讚賞，還跑到賓巴尼的住處去拜訪這位青年。從此，兩人經常見面，很快兩人建立了朋友關係，賓巴尼也成了牛頓的好幫手。賓巴尼後來回憶說：

> 「牛頓那時的記憶力不如以前，已有明顯的下降趨勢，但是對於他著作的理解力還是很強的。關於這一點，正好和人們傳說的相

保持謙遜的品格

反。牛頓這時雖然是一位聞名全球的科學家，但他依然謙虛謹
慎、一絲不苟，從不表現出頑固與自大的樣子。」

西元 1724 年 8 月，醫生把兩粒豆大的結石從牛頓身上取了
出來，這使牛頓的痛苦也減輕了許多，他以為自己完全恢復了，
為之感到高興，親戚朋友也替他歡欣鼓舞。可是好景不長，新的
問題又出現了。

西元 1725 年 1 月，牛頓咳得非常厲害，還感染了肺炎，緊
接著，痛風又進一步加重了他的病症。牛頓不得不聽從醫生和朋
友的勸告，移居到肯辛頓休養。

有一天，牛頓的老友來拜訪他，找了很久，都看不到他的人
影，正在這時，突然聽到從屋裡傳來了牛頓的聲音：

「在這個洞的旁邊，再鑿上一個洞，這個比原來那個小一點。」

老友看到這兩個洞，感到很奇怪，便問牛頓：「你幹嘛鑿兩
個洞呢？這是用來做什麼的呢？」

牛頓回答說：「我養了一隻小貓，最近總是跑到我房間裡來，
我看牠在外面急得團團轉進不來，滿可憐的，於是我就幫牠鑿了
洞。這些天，牠生了只可愛的小貓，這個小洞就是給小貓走的。」

老友聽完他的講述，便哈哈大笑起來，過了一下子才停下
來，對牛頓說：「你真有點糊塗了，大的洞大貓能夠過去，那小
貓也能過去，何必再鑿一個洞呢！」

牛頓這才明白過來，原來牛頓這時滿腦子想著：兩種東西不
能同時佔有同一個空間。所以，他才會認為大貓和小貓不能共用
一個洞的。

在肯辛頓休養了一段時間後，牛頓的身體漸漸復原了，於是他又回到了倫敦，來到了英國皇家學會。會員們看到牛頓健健康康地回來，都為之歡呼雀躍，整個會堂都響起了雷鳴般的掌聲。這次會議開得很精彩，很有意義，這讓牛頓非常滿意。會後幾天，他又去拜訪了倫敦的幾位故友，與他們閒聊時，他感覺很輕鬆、很愉快。

這樣幾天下來，牛頓感到太累了，令人懼怕的疾病再次襲來，他難受極了，不得不離開倫敦，再次回到肯辛頓。

從 1 月 7 日到 4 月 22 日，由於疾病反覆發作，牛頓不得不暫時辭去皇家學會會長之職，並且自那時起一直到他生命的最後一刻，他缺席會議比參加會議的次數還要多。

康迪特勸他不要走著去教堂，可牛頓回答說：「只有用腿，才能有腿。」康迪特還說他一直堅持學習和寫作直至生命的最後一刻。

在牛頓臨終前幾天，他老家所在聖馬丁教區的教區長扎查理・皮爾斯前來看望他。皮爾斯回憶說：

「我看見他還在寫《古代王國年表》，他當時並沒有戴眼鏡，坐在離窗戶很遠的地方，桌子上有一大疊書，在紙上投下一道陰影。
「我走進房間，見到這一切便對他說：『爵士，您寫東西的地方光線似乎不太好呀！』他回答說：『我有一點光就行了。』然後他告訴我說他在整理他的《年表》，準備付印，為此他將大部分手稿重寫了一遍。
「他給我讀了兩三張寫好的內容。我們在談話中偶爾提到《年表》中的一些問題。」

保持謙遜的品格

「我記得，他繼續讀下去，並談論他所讀的內容，在晚飯之前，
談了將近一小時。」

西元 1726 年暑期之後，牛頓只參加了皇家學會的四次會議
和一次理事會。他所主持的最後一次會議是西元 1727 年 3 月 2
日，這次會議使他很興奮，晚上便在倫敦住了下來。第二天，康
迪特發現他的氣色非常好，這是多年來不曾有過的。

由於次日緊張的會議以及頻繁的探訪，他那劇烈的咳嗽又復
發了。他於 3 月 4 日回到了肯辛頓。康迪特派人請來為牛頓治
病的兩位著名醫生米德和切斯爾登，診斷結果是牛頓患了膀胱結
石，幾乎沒有康復的希望了。牛頓忍受著劇烈的疼痛，汗珠從臉
上滾落下來。

西元 1727 年 3 月初，牛頓的病情惡化了，經醫生診斷，還
是膀胱結石。3 月 15 日，他感覺好些了。18 日晨，他可以閱讀
報紙並同醫生正常交談，但是當晚 18 時，病情突然再次惡化，
牛頓失去了知覺，再也沒有醒過來。

西元 1727 年 3 月 30 日凌晨，一顆天才的頭腦停止了運轉，
牛頓去世了，這時他已經 84 歲。

英國為牛頓舉行了盛大的國葬。作為自然科學家，牛頓是享
此殊榮的第一人。他的靈柩被安放在威斯敏斯特大教堂，這是
英國歷史上著名的藝術家、學者、政治家才有權享用的最後的
歸宿。

成千上萬的普通市民、皇宮貴族都為之哭泣，他們湧上了街
頭、湧向教堂。

這個時候，法國啟蒙思想家伏爾泰（Voltaire）在英國考察，他被眼前的一幕深深感動了。他在日記中寫道：

我看到英國悼念牛頓就像是悼念一位造福於民的國王。

我看到英國的大人物們都爭著抬牛頓的靈柩。

伏爾泰也禁不住虔誠地從牛頓的桂冠上摘下一片葉子，作為永久珍藏的紀念。牛頓去世後的第四年，他的親戚出資在他的墓前修建了一座宏偉的巴洛克風格的紀念碑。上面的墓誌銘這樣寫道：

這裡安睡著艾薩克‧牛頓爵士。他以超乎常人的智力及其所發明的數學方法，首次證明了行星的運動與形狀、彗星的軌道和海洋的潮汐，他研究了光線的不同折射率，以及由此產生的顏色的性質，這些是別人想都沒有想到的。

對於自然、歷史和聖經，他是一個勤奮、敏銳而忠實的詮釋者。他用他的哲學證明了上帝的威嚴，他度過的是一個真正清教徒的一生。所有活著的人都為曾經有這樣一位偉人的存在而感到幸福。艾薩克‧牛頓爵士生於西元 1643 年 1 月 4 日，卒於西元 1727 年 3 月 31 日。

牛頓的去世引起了人們極大的關注，各種報紙爭相報導這一消息。3 月的《大不列顛政治狀況》用 3 版的篇幅高度讚揚牛頓，充分概括了牛頓在英國學術界的地位，稱他為「最偉大的哲學家，是英國的驕傲」。

而由詹姆斯‧湯姆森所寫的「紀念艾薩克‧牛頓爵士的詩」在年底之前就印刷了 5 版。曾授予他爵士頭銜的國家，在他死後給予了他更大的榮譽。

終生維護宗教信仰

牛頓家庭的基督教信仰氣氛極濃，他的繼父和舅父都是牧師，撫養他長大的外婆和母親都是虔誠的基督徒。他們送他上劍橋大學的目的，是希望他將來做牧師。

因此，他在科學研究裡，處處協調科學與神學的關係，他說：「從事物的表象來論神，無疑是自然哲學分內的事。」

「只有在科學裡揭示和發現神對萬物的最智慧和最巧妙的安排，以及最終的原因，才對神有所認識。」

西元 1678 年，牛頓在劍橋畢業時，按照當時的規定，是必須接受神職的。但是，牛頓卻公開聲明，為了更佳地「侍奉上帝」，他將不接受神職，而代之以自然哲學的研究來證明上帝的存在，從而贏得了英王查理二世的特許。

牛頓作為一位虔誠的基督徒，很早就在他的自然科學研究上處處刻上了神的印記。

牛頓在研究自然科學的過程中，曾遇到許多令他困惑不解的問題。其中一個重要的問題是，使天體產生原始速度的原始動力到底是什麼呢？牛頓很難作出回答，就當時的科技發展程度來說，也很難給出答案。

於是，牛頓便開始向神求助，他認為：「是神創造了世界，大自然是神的一件手工藝品。」

牛頓在他的《原理》一書中寫道：

各種自然事物，也只是發源於神的意志之中。

在《光學》一書中，牛頓描寫了神偉大的一面，其中有一段這樣寫道：「它沒有真正的實體，卻仍然生活著，它有無所不在的智慧。」

牛頓也曾對一位牧師講道：「是神賦予了行星運動的第一動力。」為了使這種理論更有說服力，牛頓運用科學的縝密思維鑽研了神學。

哲學家羅克給予他很高的評價，認為他在科學上是巨人，在宗教研究上也是一位能手。

牛頓雖然在科學上做出了巨大的貢獻，但他總結了科學的發展規律後認為，人類理性的能力有限，不能包容一切經驗，所以他開始相信《聖經》中的預言。

牛頓年輕時，曾懷疑高級生命的存在，但自從他精密研究和考察奇妙的宇宙構造後，便深深地感到創造宇宙者的偉大，實在不可測度。他雖然是舉世聞名的大科學家，卻自認為對宇宙的奧祕所知有限，幾如滄海一粟。

牛頓認為，在沒有物質的地方有什麼存在呢？太陽與行星的引力從何而來呢？宇宙萬物為什麼井然有序呢？行星的作用是什麼？動物的眼睛是根據光學原理設計的嗎？豈不是宇宙間有一位造物主嗎？雖然科學未能使我們立刻明白萬物的起源，但這些都引導我們歸向萬有的神面前。

論到天體的構造與運行，牛頓嚴正地表示：

終生維護宗教信仰

「從諸天文系的奇妙安排，我們不能不承認這必是全知全能的高級生命的作為。宇宙間一切有機無機的萬象萬物，都是從永生真神的智慧大能而來；他是充滿萬有，全知全能的；他在這無邊無量、井然有序的大千世界中，憑其旨意，創造萬物，運行萬物，並將生命、氣息、萬物賜給人類；我們的生活、動作、存留，都在乎他。宇宙萬物，必有一位全能的神在掌管統治。在望遠鏡的末端，我看到了神的蹤跡。

「毫無疑問，我們所看到的這個世界，其中各種事物是絢爛多彩的，各種運動是如此錯綜複雜，它不是出於別的，而只能出於指導和主宰萬物的神的自由意志。」

牛頓認為：「我們應該更進一步去欣賞這大自然的美，並使自己陶醉於快樂的深思之中，從而更加深刻地激起我們對偉大的創世主，和萬物主宰的敬愛和崇拜的心情，這才是哲學的最優美和最有價值的果實。

「如果有誰從事物的這些最明智最完善的設計中，看不到全能創世主的無窮智慧和善良意志，那麼他一定是個瞎子，而如果拒絕承認這些，那他一定是一個毫無感情的瘋人。」

牛頓畢生的主要精力用於對精神世界的探索，視科學為餘事。他在談到自己的科學成就時說，他不過是在「追隨神的思想」，「照神的思想去思想而已」。

牛頓有一位朋友，就是英國著名天文學家哈雷，他因推算出一顆彗星的軌道，這顆彗星後來被命名為哈雷彗星，他卻不肯相信宇宙中一切的天體是神所創造的。

有一次，牛頓造了一個太陽系模型，中央是一個鍍金的太陽，四圍各大行星各按各的位置排列整齊，一拉曲柄，各星立即按自己的軌道和諧轉動，非常形象和美妙。

　　一天，哈雷來訪，見到這模型，玩弄了好久，驚嘆叫好，立刻問這是誰造的。

　　牛頓回答說：「沒有人設計和製造這個模型，它只不過是偶然由各種材料湊巧碰在一起而形成的。」

　　哈雷說：「無論如何必定有一人造它，並且是位天才的人。」

　　牛頓拍著哈雷的肩頭說：「這個模型雖然精巧，但比起真正的太陽系，實在算不得什麼，你尚且相信一定有人製成它，難道比這個模型精巧億萬倍的太陽系，豈不是應該有全能的神，用高度智慧創造出來的？」

　　哈雷這才恍然大悟，也相信了有神存在。

　　牛頓臨終前，面對著那些仰慕他智慧和稱頌他偉大科學成就的人，謙虛地說：「我的工作和神的偉大創造相比，我只是一個在海邊拾取小石和貝殼的小孩子。真理浩瀚如海洋，遠非我們所能盡窺。」

　　安葬在英國倫敦威斯敏斯特大教堂的牛頓的墓碑上，銘刻著他以哲學證明了全能神的偉大。

　　牛頓不但是一位偉大的科學家，而且是一位虔誠的宗教信徒，其研究宗教經典的濃厚興趣絕不在科學以下。在他沉默的年代中，研究宗教經典所用的時間，遠遠超過研究科學所用的時間。

終生維護宗教信仰

17 世紀 70 年代末期，他開始撰寫教會史，主要是 4 世紀和 5 世紀的歷史，重複他對《啟示錄》的解釋說明。

牛頓不僅僅在科學上的成就達到登峰造極的地步，而且對宗教經典的研究和認識，也令許許多多宗教學者大為驚奇。牛頓認為值得以生命作為資本投資在宗教經典研究上，他相信自己的勞苦不會付諸東流。

看了牛頓有關研究宗教經典著作的人，都確信他的信念是完全正確的。牛頓隨著科學成就的增多、名氣的提高，對神的信仰也更加虔誠。牛頓所信仰的神，是《聖經》所啟示和記載的高級生命。

牛頓說：「我們應當把神的話 ── 《聖經》，看為至高無上的哲學。根據研究的結果，《聖經》記載是有證據的，實在遠非世俗的歷史所能比擬。」牛頓始終相信《聖經》中的預言，他說：「《聖經》預言有許多可信的憑據。」

有人認為牛頓研究科學遇到無法解決的問題才轉向神、轉向宗教的。也有人以為牛頓後半生如不研究神學，則會在科學上取得更大的成績，因此而為牛頓大為惋惜。

事實上沒有任何科學家像牛頓那樣取得那麼大的成就，也沒有任何科學家在《聖經》研究方面下這麼大的功夫。說實話，世界上沒有一個科學家有資格指責牛頓！

在哈雷博士走入宗教前的一天，他對牛頓講了一番不信神的話，牛頓不留情面地加以斥責，警告他說：「哈雷博士，我對你關於天文數理的高見，一向樂於接受，因為你是研究有素的，但

你對宗教，最好不要隨便發言，因為我知道你對此毫無研究，並且我敢斷然地說，你根本是個門外漢。」

牛頓這樣斥責他，是有重要理由的，因為哈雷正是一個宗教的盲目反對者。後來哈雷博士經過徹底而嚴謹的研究，也走入了宗教。

對於任何問題，照理必應先徹底研究，然後才能反對。牛頓的駁斥和見證，實在為一般盲目反對者的當頭棒喝。

牛頓對中國的影響

　　牛頓的經典力學絕不只是影響了自然科學界、工業和技術界，更重要的是它喚醒了人們對科學真理的認知，從而推動了社會變革和人們的思想革命。

　　如同法國伏爾泰等人在 18 世紀宣傳和普及牛頓物理學，從而推動了法國的啟蒙運動一樣，牛頓學說在中國的傳播也為清末資產階級改良派，掀起社會改良運動提供了輿論準備。如果前者為眾所周知，那後者就似乎鮮有所聞了。

　　西元 1898 年，變法運動的主將康有為、梁啟超和譚嗣同等人，都無一例外地從牛頓學說中尋找維新變法的根據，尤其是牛頓在科學上的革新精神，鼓舞了清末那些希望變革社會的有志之士。

　　在西元 1840 年之前，歐洲文藝復興運動以來的科學學說和科學思想，因為與聖經和神學相牴觸而基本上未曾傳入中國。明清之際雖有來華傳教士參與中國曆法編撰工作，但只是在不得已的情況下，才採用了克卜勒或牛頓的一些天文數據。

　　在進入近代社會以後，哥白尼的太陽中心說、克卜勒的橢圓軌道、牛頓的萬有引力三者才光明正大地相繼傳入中國。

　　西元 1859 年刊行了 3 部和牛頓物理學關係密切的譯著，一是李善蘭和偉烈亞力（Alexander Wylie）合譯的《談天》，二是李善蘭和艾約瑟（Joseph Edkins）合譯的《重學》，三是李

善蘭和偉烈亞力合譯的《代微積拾級》。這三本書原是歐美的科普著作或大學低年級的教科書，第一本譯書主要講述牛頓的萬有引力概念及其定律，第二本譯書介紹了牛頓的三大運動定律，第三本介紹了牛頓的微積分計算方法。

牛頓的光學實驗和光學理論較為詳細、準確地介紹到中國是西元 1879 年的事，這是透過趙元益和傳教士金楷理（Karl Traugott Kreyer）合譯英國物理學家丁鐸爾（John Tyndall）的《光學》而完成的。可以說，西元 1859 年，是牛頓的物理學、天文學、數學比較全面、集中地傳播到中國的一年，中國學者李善蘭為此做出了傑出的貢獻。

早期牛頓的中譯名為「奈端」，力學譯為「重學」，萬有引力譯為「攝力」。李善蘭在譯《重學》之前曾請教傳教士艾約瑟「何謂重學」。艾約瑟答曰：「幾何者，度量之學也；重學者，權衡之學也。昔我西國，以權衡之學製器，以度量之學考天；今之製器考天，皆用重學也。故重學不可不知也。」

李善蘭透過譯書，極大地提高了自己的科學程度，甚至超過了許多傳教士。他在《重學》自序中簡潔地總結了牛頓的三大運動定律，就是一個例證。

在《談天·序》中，李善蘭指出，古希臘托勒密（Claudius Ptolemaeus）的學說和天地運動不能盡合。李善蘭指出：「克卜勒求其故，則知五星與月之道皆為橢圓。其法行面積與時恆有比例也。然僅知當然而未知所以然。奈端求其故，則以為皆重學之理也。」

牛頓對中國的影響

接著，李善蘭簡略地敘述了牛頓怎樣以「攝力」解釋和計算天體的運動，並且大聲疾呼：「牛頓的運動定律定論如山，不可移矣。牛頓的萬有引力理論精深神妙，不可改也。」牛頓的物理學和天文學就這樣在中國學者之間流傳了。

由於明末清初來華傳教士傳入中國的宇宙觀，主要是附屬於神學的托勒密地心說。後來，這些教士為了向中國皇宮和中國人交出一份較中國傳統更為準確的曆法，才不得不採用克卜勒的橢圓軌道和等面積定律。但是，他們絕不放棄地心說，拒絕將地球放在橢圓的一個焦點上。這樣，就在中國學術界曾一度引發了關於宇宙觀的激烈爭論。

透過李善蘭等學者翻譯並出版上述三書，尤其是李善蘭在序言中對於近代科學的宇宙觀發出不可更改的吶喊，並且聲稱自己「主地動及橢圓之說」，又告訴讀者，此二者之故不明，則此書不能讀，這才使近代科學的宇宙觀得以在中國傳播開來，中國傳統的蓋天說、渾天說，來自西方的神化了的地心說等從此才煙消雲散。

李善蘭的《談天·序》是當時中國一批先進學者，接受新的科學宇宙觀的宣言書，成為中國人從傳統宇宙觀向科學宇宙觀轉變的一塊歷史界標。

因此，李善蘭出版《談天·序》的西元 1859 年，是中國人宇宙觀發生根本轉變的標誌性的一年。李善蘭本人在譯完《談天》之後，也曾興奮地預料這種轉變，他說：「此書一出，海內談天者，必將奉為宗師。」

《談天》出版之後，引起了中國人的極大反響，以致該書前後重印了 13 次，之後又以活字印刷。西元 1874 年又由徐建寅將那些迄西元 1871 年為止的西方天文、物理最新成就作了補充，由江南製造局增訂出版。

梁啟超稱《談天》最精善。他認為，人每日居天地間而不知天地做何狀，是謂大陋，因此，《談天》一書不可不急讀。

《談天》和《重學》兩書中述及的科學思想和宇宙觀不久為青年學生熟練掌握。上海格致學院西元 1889 年春季考課作文中，孫維新、車善至、鐘天緯 3 人的答卷將新宇宙觀描述得清晰明了，以致他們 3 人分獲一、二、三名。在戊戌維新運動、辛亥革命過程中，這個科學的新宇宙觀曾被人們當作變革社會的鼓舞力量。

在戊戌變法之前，各地相繼成立學會。他們聚徒講學，介紹西學，倡導新說，給維新變法運動提供包括自然科學方面的理論根據。

曾經遊歷英國並精通西洋科學的王韜，撰有介紹牛頓學說的《西國天學源流》和《重學淺說》。歷史學家範文瀾在其著《中國近代史》中說，王韜著書多種，對變法運動有很大影響。

梁啟超在西元 1897 年用半年時間讀完了當時各地譯出的西書，其中包括有關牛頓學說的各種著作。

在一部以收集支持變法維新的論著為己任的《皇朝蓄艾文編》裡，宋育仁作《序》說：「昔人雲通天、地、人謂之儒。由漢迄今，實踐無愧者，頗難其人；唯泰西名家，如培根、奈端、蘭麻

克、哥白尼輩，各以穎悟辟新理，卓然名某家者，稍稍近似。豈西人智而華人愚耶！」既然不是「西人智而華人愚」，在維新變法者心中，自然只有「除舊布新」。正如一百零三天的維新運動所頒布的命令一樣：廢八股、辦學堂，獎勵新著作、新發明，廣開言路、提倡實業，准許私人辦廠等。

在維新派與頑固派鬥爭激烈的湖南，力主變法的皮錫瑞在譚嗣同創辦的南學會講學，而他的兒子、一個在哥白尼和牛頓學說影響下的年輕人，旋即著《醒世歌》：「若把地球來參詳，中國並不在中央。」換句話說，大清帝國不在地中央，地不在天中央。日月五行都依據萬有引力定律在宇宙太空中繞日做橢圓軌道運動。這在封建王朝的統治者和頑固派看來是多麼可怕的世界觀呀！難怪《醒世歌》一傳開，就招來了許多訓斥。

「戊戌六君子」之一的譚嗣同奮筆疾書寫了一篇維新運動的激烈的宣言書《仁學》，他在「自敘」中高聲疾呼：「吾將哀號流涕，強聒不捨」，「沖決君主之網羅，沖決倫常之網羅，沖決天之網羅」。曾經積極推行維新變法的梁啟超概括《仁學》的實質說：「《仁學》內容之精神，大略如是。英奈端倡『打破偶像』之論，遂啟近代科學；嗣同之『沖決網羅』，正其義也。」

康有為在《康南海自編年譜》中自稱「大購西書，大講西學」，「大攻西學書，聲、光、化、電、重學……專精學問，新識深思，妙悟精理，俯讀仰思，日新大進」。他在《諸天講》中又寫道：「至康熙時，西元 1868 年，英人奈端發明重力相引、遊星公轉互引，皆由吸拒力。自是天文益易明而有所入焉。奈端

之功以配享哥白尼可也，故吾最敬哥、奈二子。」可見康有為對牛頓之推崇，並受牛頓學說影響之深。

可是，戊戌變法運動只有短命的一百零三天，它的失敗當然不能歸結為宣傳牛頓科學理論的不成功，其中的原因是相當複雜的。

牛頓的科學理論不僅影響了法國 18 世紀的資產階級革命，也影響了 19 世紀和 20 世紀之交的中國社會變革，對此牛頓本人是絕不可能預料到的。

在戊戌變法失敗後的十幾年，領導辛亥革命的孫中山先生，在青年時代，頑強地學習，獲得了大量而又系統的自然科學知識，其中包括達爾文（Charles Darwin）的進化論和牛頓的萬有引力學說。

孫中山先生高度地評價牛頓：「達爾文發明物種進化之理，而學者多稱之為時間之大發明，與牛頓氏之攝力為空間之大發明相媲美。」他還把牛頓的科學理論作為他的「建國方略之一、心理建設」的一個思想基礎。

牛頓「見蘋果落地」這個故事，據說最初是由伏爾泰編撰的。它流傳如此久遠，影響如此深刻，而對青少年啟迪智力如此有效，是伏爾泰當初為普及牛頓力學所始料未及的。

嚴肅的科學家時有為蘋果落地的故事而擔心。其實亦不然，只要言者在講述該故事的同時，說明科學創造與科學發明是需要付出巨大艱辛的心力即可。否則，蘋果落地變為守株待兔那才可悲。

牛頓對中國的影響

　　這個生動的故事是於西元 1891 年傳播到中國的。其時，任京師同文館，也就是北京大學前身總教習的美國教士丁韙良（William Alexander Parsons Martin）在其著《西學考略》中，第一次用中文撰述了這個故事。可見，該故事也在中國傳播了一百多年。

附錄　牛頓年譜

西元 1643 年 1 月 4 日，艾薩克·牛頓出生於英國伍爾索普村。

西元 1655 年，牛頓開始上格蘭瑟姆文法學校。

西元 1661 年 6 月 15 日，牛頓進入劍橋大學三一學院學習。

西元 1664 年，牛頓開始進行光的實驗。

西元 1665 年，牛頓發現著名的二項式定理。

西元 1666 年，牛頓在引力定律方面取得了重大突破。

西元 1667 年，牛頓回劍橋後當選為劍橋大學三一學院院委，次年獲碩士學位。

西元 1668 年，牛頓製成反射式望遠鏡。

西元 1669 年 7 月，牛頓作品《分析論》開始發行；任盧卡斯講座數學教授。

西元 1670—1671 年，牛頓著《級數和流數方法論著》；他把經過改進的反射式望遠鏡獻給了皇家學會，並被選為皇家學會會員。

西元 1672 年 1 月，牛頓當選為皇家學會會員，宣讀《關於光和顏色的理論》的論文。

西元 1673 年，牛頓向皇家學會遞交了關於光的一篇論文，後來他又遞交過第二篇論文。

西元 1677 年，牛頓研究月球軌道和行星軌道問題。

西元 1679 年，牛頓與虎克進行了關於引力問題的交流。

西元 1684 年，牛頓開始撰寫《自然哲學之數學原理》，該書通稱為《原理》。

西元 1685 年，哈雷登門拜訪牛頓時，牛頓已經發現了萬有引力定律。

西元 1696 年，牛頓任皇家造幣局監督，並移居倫敦。

西元 1701 年，牛頓被選為代表劍橋大學的英國下議院議員。

西元 1704 年，牛頓發表《三次曲線枚舉》、《利用無窮級數求曲線的面積和長度》、《流數法》，同時有關光的研究的著作《光學》出版。

附錄

西元 1705 年，牛頓被安妮女王封為爵士，成為第一位獲此殊榮的科學家。

西元 1711 年，牛頓發表《使用級數、流數等等的分析》。

西元 1716 年，牛頓發表《流數法和無窮級數》。

西元 1727 年 3 月 31 日，牛頓爵士逝世，享年 84 歲。

科學之父牛頓：

萬有引力、三大定律、《光學》，以科學為人生信條，現代科學奠基者

編　　著：陳劭芝，王金鋒

發 行 人：黃振庭

出 版 者：崧燁文化事業有限公司

發 行 者：崧燁文化事業有限公司

E-mail：sonbookservice@gmail.com

粉 絲 頁：https://www.facebook.com/
　　　　　sonbookss/

網　　址：https://sonbook.net/

地　　址：台北市中正區重慶南路一段六十一號八
　　　　　樓 815 室

Rm. 815, 8F., No.61, Sec. 1, Chongqing S. Rd.,
Zhongzheng Dist., Taipei City 100, Taiwan

電　　話：(02)2370-3310

傳　　真：(02)2388-1990

印　　刷：京峯彩色印刷有限公司（京峰數位）

律師顧問：廣華律師事務所 張珮琦律師

國家圖書館出版品預行編目資料

科學之父牛頓：萬有引力、三大定
律、《光學》，以科學為人生信條，
現代科學奠基者 / 陳劭芝，王金鋒
編著 . -- 第一版 . -- 臺北市：崧燁
文化事業有限公司 , 2022.09
　面；　公分
POD 版
ISBN 978-626-332-725-2(平裝)
1.CST: 牛頓 (Newton, Isaac, Sir,
1642-1727) 2.CST: 傳記
784.18　　111013882

定　　價：299 元

發行日期：2022 年 09 月第一版

◎本書以 POD 印製

電子書購買

臉書